Gabriele Matschke

Expertenstandard Entlassungsmanagement in Krankenhäusern und Rehabilitationseinrichtungen - Anspruch und Wirklichkeit

Diplomica® Verlag GmbH

Matschke, Gabriele: Expertenstandard Entlassungsmanagement in Krankenhäusern und Rehabilitationseinrichtungen - Anspruch und Wirklichkeit, Hamburg, Diplomica Verlag GmbH 2010

ISBN: 978-3-8366-8579-5
Druck: Diplomica® Verlag GmbH, Hamburg, 2010

Bibliografische Information der Deutschen Nationalbibliothek:
Die Deutsche Nationalbibliothek verzeichnet diese Publikation in der Deutschen Nationalbibliografie; detaillierte bibliografische Daten sind im Internet über http://dnb.d-nb.de abrufbar.

Die digitale Ausgabe (eBook-Ausgabe) dieses Titels trägt die ISBN 978-3-8366-3579-0 und kann über den Handel oder den Verlag bezogen werden.

© Diplomica Verlag GmbH
http://www.diplomica-verlag.de, Hamburg 2010
Printed in Germany

Inhaltsverzeichnis

Abkürzungsverzeichnis

Abb.	Abbildung
Abs.	Absatz
Abt.	Abteilung
AHB	Anschlussheilbehandlung
AKK	Agnes-Karll-Krankenhaus
Aski	Informationssystem für Pflege-Überleitung Ambulant-stationäre Kommunikationsintegration
AVK	Auguste Viktoria-Krankenhaus
BÄK	Bundesärztekammer
BKK	Betriebskrankenkasse
BMGS	Bundesministerium für Gesundheit und soziale Sicherung
BPflV	Bundespflegesatzverordnung
BQS	Bundesgeschäftsstelle für Qualitätssicherung
BVMed	Bundesverband Medizintechnologie
DEGEMED	Deutsche Gesellschaft für medizinische Rehabilitation
DIN	Deutsche Industrienorm
DNQP	Deutsches Netzwerk für Qualitätsentwicklung in der Pflege
DRG	Diagnosis Related Groups
DKI	Deutsches Krankenhausinstitut
EFQM	European Foundation for Quality Management
EN	Europäische Norm
Ev.	Evangelisch
e.v.	eingetragener Verein
GmbH	Gesellschaft mit beschränkter Haftung
GKV-OrgWG	Gesetz zur Weiterentwicklung der Organisationsstrukturen in der gesetzlichen Krankenversicherung
GSF	Forschungszentrum für Umwelt und Gesundheit
KFPV	Verordnung zum zum Fallpauschalensystem für Krankenhäuser
KH	Krankenhaus
KTQ	Kooperation für Transparenz und Qualität im Gesundheitswesen
MDC	Major Diagnostic Categories
Medis	Institut für medizinische Informatik und Systemforschung
NRW	Nordrhein-Westfalen
PKV	Verband der Privaten Krankenversicherer
SGB V	Sozialgesetzbuch V
SKV	Sektorenübergreifende Kooperation und Vernetzung
TQM	Total Quality Management
z.B.	zum Beispiel
VdEK	Verband der Ersatzkassen
§	Paragraph

1 Problemstellung

Krankenhäuser und Rehabilitationseinrichtungen stehen gegenwärtig vor neuen Aufgaben. Der gesellschaftliche Auftrag dieser Einrichtungen besteht nicht nur darin, Gesundheit wieder herzustellen und zu erhalten, immer mehr rücken ökonomische Aspekte in den Fokus des Handelns. Ein neuartiges Finanzierungssystem, das indikationsbasierte Fallpauschalen vorsieht, zwingt Krankenhäuser zum wirtschaftlichen Einsatz der Ressourcen. Dieses Finanzierungssystem zeigt die Tendenz zur Verkürzung der Verweildauer. Durch Regelungen im novellierten SGB V sorgt der Gesetzgeber dafür, dass ökonomische Aspekte nicht in den Vordergrund des Handelns der Krankenhäuser und Rehabilitationseinrichtungen geraten, sondern auch die Qualität der Krankenhausleistungen garantiert wird. Zu den gesetzlichen Forderungen gehört die Organisation eines Versorgungsmanagements gemäß § 11 Abs. 4 SGB V. Im Prozess des Versorgungsmanagements geht es insbesondere um die Lösung von Problemen beim Übergang in die verschiedenen Versorgungsbereiche des Gesundheitswesens. Unumstritten ist aus der Sicht des Qualitätsmanagements und aus ökonomischer Sicht die Notwendigkeit, die Übergänge zwischen den einzelnen Sektoren (ambulant, stationär, Rehabilitation, stationäre Pflege, Hausarzt) effektiv zu gestalten. Fraglich ist, welche Möglichkeiten Krankenhäuser und Rehabilitationseinrichtungen zur Organisation der Übergänge haben.

Die sehr heterogene Struktur des Gesundheitswesens mit unterschiedlichen Kostenträgern und differente Trägerschaften erschweren die Zusammenarbeit der einzelnen Sektoren des Gesundheitswesens. Zwischen den Sektoren kommt es zu Informationsverlusten, organisatorischen Reibungsverlusten und mangelnder Abstimmung. Dies führt zu Einbrüchen in der Versorgung der Patienten. Effektivitätsverluste bei der gesundheitlichen Versorgung sind die Folge.

Inhaltlich hat der Gesetzgeber den Begriff „Versorgungsmanagement" nicht genau definiert. Für Krankenhäuser und Rehabilitationseinrichtungen ist daher der genaue Auftrag der an sie gestellt wird unklar.

Die wissenschaftliche und empirische Forschung zur Überleitungsproblematik in Deutschland ist selten. Bei der Entwicklung von Handlungskonzepten kann man sehr wenig auf deutsche Studien zurückgreifen. Theoretische, empirisch fundierte Aussagen lassen sich lediglich in fremdsprachiger Literatur finden. Auf Grund der oft sehr unterschiedlichen Rahmenbedingungen sind diese Aussagen nur eingeschränkt auf deutsche Verhältnisse anwendbar. Die Forschung in Deutschland beschäftigt sich mit den Problemstellungen, mit denen sich die Akteure in den Krankenhäusern konfrontiert sehen. Patientenbedarf und Schwierigkeiten der Patienten beim Übergang von der stationären in die ambulante Versorgung sind kaum erforscht (vgl. Wingenfeld 2005:8 f.). Es fehlt an konkreten Aussagen, welche Probleme es aus der Perspektive der Patienten zu lösen gibt. Integrierte Versorgung und die Einführung der Methode des Entlassungsmanagements sollen zur Lösung der Schnittstellenprobleme beitragen.

Seit den 80iger Jahren wird in deutschen Krankenhäusern und Rehabilitationseinrichtungen die Methode des Entlassungsmanagements, als Teilbereich des Case Managements, umgesetzt. Mit diesen Modellen sollen Schnittstellenprobleme beim Übergang zwischen den einzelnen Sektoren des Gesundheitswesens überwunden werden.

In den Modellprojekten werden die Begriffe Case Management, Entlassungsmanagement, Überleitungsmanagement synonym verwendet. Inhaltlich unterscheiden sich diese Modelle in der Praxis selten. Ein wirkliches Case Management kann keines dieser Modelle abbilden. Die einzelnen Modelle des Entlassungsmanagements beziehen sich immer auf ganz konkrete Patientengruppen und sind schwer auf andere Patienten zu übertragen. Viele der Modelle bearbeiten ausschließlich die Schnittstelle zwischen stationärem und ambulantem Bereich, selten sind andere Sektoren des Gesundheitswesens involviert. Durch die synonym verwendeten Bezeichnungen ist eine eindeutige inhaltliche Zuordnung nicht möglich. Unterschiedlich sind auch die Finanzierungsmodelle in der Projektphase und nach Beendigung des Projektes.

Die demographische Entwicklung hat die Altersstruktur der Patienten in Krankenhäusern und Rehabilitationseinrichtungen verändert. Dadurch bedingt ändert sich auch das Anforderungsprofil an ein Entlassungsmanagement. Die klassischen Inhalte eines Entlassungsmanagements, das in den Krankenhäusern bisher ausschließlich vom Sozialdienst realisiert wird, reichen längst nicht mehr aus. Pflegerische Inhalte werden zu einem wichtigen Aspekt innerhalb des Entlassungsmanagements. Zwischen den beiden Berufsgruppen entsteht ein Kompetenzgerangel, das nicht zur Lösung der Schnittstellenprobleme beiträgt. Durch Verfahrensanweisungen müssen Verantwortlichkeiten klar geregelt werden.

Ein großer Bereich des Entlassungsmanagements ist die Versorgung des Patienten mit Heil- und Hilfsmitteln. Durch diverse Gesetzgebungen wie z.B. das Wirtschaftlichkeitsstärkungsgesetz, das am 01.04.2007 in Kraft getreten ist und das ab 01.01.2009 geltende „Gesetz zur Weiterentwicklung der Organisationsstrukturen in der gesetzlichen Krankenversicherung" (GKV-Org-WG) schränken die Freiheit der Patienten bei der Wahl der Leistungserbringer erheblich ein.

Krankenkassen können Leistungen zur Bereitstellung bestimmter Hilfsmittel ausschreiben oder sich vertraglich an bestimmte Leistungserbringer aus dem Hilfsmittelbereich binden. Bei schwerstbetroffenen Patienten mit einem komplexen Bedarf an Hilfsmitteln wird die Entlassungsplanung sehr schwierig. Im ungünstigsten Fall sind mehrere Leistungserbringer an der Hilfsmittelversorgung beteiligt. Eine Abstimmung der Leistungen zwischen den Leistungserbringern ist für das Krankenhaus nur sehr bedingt zu beeinflussen. Feste Kooperationen zwischen stationären Einrichtungen und ambulanten Versorgern wie z.B. Sanitätshäusern, ambulanten Pflegediensten oder Home Care Unternehmen sind im Kontext der gesetzlichen Rahmenbedingungen und der unterschiedlichen Zuständigkeiten bei der Finanzierung dieser Leistungen kaum sinnvoll.

Der vom Deutschen Netzwerk für Qualitätsentwicklung in der Pflege (DNQP) herausgegebene Expertenstandard gibt eine Handlungsempfehlung zum Entlassungsmanagement. Er stellt nur einen Mosaikstein zur Überwindung der Schnittstellenproblematik zwischen den Sektoren des Gesundheitswesens dar. Die Verfasser des Expertenstandards betonen den multiprofessionellen Charakter des Prozesses des Entlassungsmanagements, beschränken sich aber im Standard selbst auf die Rolle der Pflegekraft innerhalb dieses Prozesses. Der Expertenstandard enthält sechs Kriterien für ein Entlassungsmanagement. Dieser Rahmen, den der Expertenstandard beschreibt muss auf jedes Krankenhaus individuell angepasst werden.

Im Folgenden werden die Begriffe Versorgungsmanagement, Qualitätsmanagement und Entlassungsmanagement erläutert und der Zusammenhang zwischen Case Management und Entlassungsmanagement dargestellt.

Bedeutend ist das Konzept des Entlassungsmanagements für die Organisationsentwicklung, für das Qualitätsmanagement und die im Kontext des
DRG-Systems. Die Organisationsentwicklung bildet den Rahmen für ein
Entlassungsmanagement. Die Aufbau- und Ablauforganisation ist entscheidend, für ein effektives Entlassungsmanagement. Die Entwicklung
der Finanzierungsbasis der Gesundheitseinrichtungen über die DRG
begründen die Notwendigkeit. und den ökonomische Nutzen eines Entlassungsmanagements.

Im Entlassungsmanagement werden in der Praxis verschiedene Konzepte
genutzt. Es wird zwischen der indirekten, direkten und externen Form
unterschieden. Jede Form hat Vorteile und Nachteile. Eine Entscheidung,
welche Form sinnvoll erscheint, ist für die weitere Gestaltung des Prozesses „Entlassungsmanagement" von Bedeutung.

Wie bereits erwähnt, hat sich das Anforderungsprofil an ein Entlassungsmanagement erheblich verändert. Es werden zur Gestaltung dieses Prozesses weitreichendere Kompetenzen benötigt als in der Vergangenheit.
Diese Kompetenzen finden sich in verschiedenen Berufsgruppen einer
Gesundheitseinrichtung und müssen effektiv miteinander koordiniert werden. In Deutschland gibt es einige interessante Konzepte zum Entlassungsmanagement mit ganz unterschiedlichen Zielsetzungen. Einige
Konzepte beschreiben den Übergang vom stationären in den ambulanten
Bereich, andere beziehen sich auf hausinterne Prozesse. Welchen Nutzen
die einzelnen Konzepte aus der Sicht der Patienten haben, wird in diesem
Buch dargestellt. Veränderte Rahmenbedingungen bedingen das Be-
schreiten neuer Wege bei der Einführung eines Entlassungsmanagements.

Neue Versorgungsformen wie z.B. die integrierte Versorgung oder Pflegestützpunkte können Schnittstellenprobleme überwinden. Vielfältige Aufgaben müssen von Krankenhäusern zukünftig bewältigt werden, um diesen
Prozess weiter zu optimieren und somit den wirtschaftlichen Einsatz der

vorhandenen Ressourcen zu garantieren. Nur so ist zukünftig eine qualitativ hochwertige Gesundheitsleistung für die Bevölkerung zu sichern.

2 Theoretischer Kontext und Definitionen

2.1 Versorgungsmanagement

Der § 11 Abs. 4 SGB V (Fünftes Sozialgesetzbuch) legt einen gesetzlichen Anspruch des Versicherten auf ein Versorgungsmanagement fest. Inhaltlich ist der Begriff sehr offen formuliert und wird erst im Rahmen von Verträgen nach §§ 140a-140d, nach §§ 112, 115 oder anderen Verträgen zwischen den Krankenkassen und den Leistungserbringern konkretisiert. Inhaltlich fasst der § 11 Abs. 4 an anderer Stelle benannte Pflichten zusammen. (vgl. Hauck et al. 2008: K §11:4)

Gemeint ist hier z.B. der Anspruch auf Heil- und Hilfsmittel gemäß §§ 32, 33 SGB V, der Anspruch auf Arznei- und Verbandmittel nach § 31 SGB V, häusliche Krankenpflege nach § 37 SGB V, Soziotherapie gemäß § 37a SGB V, die ambulante Palliativversorgung nach § 37b SGB V, Leistungen nach § 140, Pflichten zur Inanspruchnahme von Rehabilitation nach SGB IX, Leistungen der Pflegeversicherung, u.ä.

Der Zweck dieses Versorgungsmanagements ist:

- der reibungslose Übergang in eine notwendige Anschlussversorgung, insbesondere zwischen stationärer und ambulanter Versorgung und zwischen Akutversorgung, Rehabilitation und Pflege, und damit die bessere Verzahnung der unterschiedlichen Leistungssektoren bzw. Versicherungszweige,

- Vermeidung der sachwidrigen Unterbrechung von Behandlungsabläufen durch zeitgerechte Abstimmung,

- die Intensivierung von Qualität und Effizienz der gesundheitlichen Versorgung bzw. bedarfsorientierter Leistungen,

- die Vermeidung unkoordinierter (wirtschaftlich unnötiger u. gesundheitlich oder zeitlich belastender) Mehrfachinanspruchnahme von Leistungen (vgl. § 64 Abs. 4 SGB V) oder negativer Wechselwirkungen von Arzneimitteln,

- die Förderung der Transparenz der Leistungserbringung,

- die Stärkung der Information der Patienten und damit deren verbesserte Teilhabe an der medizinischen Versorgung,
- die Verhinderung einer Verschwendung von Finanzmitteln. (vgl. Hauck et al. 2008: K § 11:46 f.)

Die Leistungen des Versorgungsmanagements sind durch alle betroffenen Leistungserbringer zu gewährleisten. Im Kommentar zum Sozialgesetzbuch sind als betroffene Leistungserbringer Krankenhäuser, Rehabilitationseinrichtungen, Pflegeeinrichtungen und Vertragsärzte genannt (vgl. Hauck et al. 2008: K §11: 40).

„Der Begriff Versorgungsbedarf fokussiert die notwendige professionelle Unterstützung zur Wiederherstellung oder Kompensation krankheitsbedingter und anderer Beeinträchtigungen."(DNQP 2004:51)

Der Bedarf wird determiniert durch die individuelle Lebenssituation, den individuellen Ressourcen und dem sozialen Umfeld.

2.2 Qualitätsmanagement

2.2.1 Der Qualitätsbegriff und Qualitätsmanagementsysteme

Nach der DIN EN ISO 9000:2000 ist Qualität das „Vermögen einer Gesamtheit inhärenter Merkmale eines Produktes, Systems oder Prozesses, zur Erfüllung von Forderungen von Kunden und anderen interessierten Parteien."(Kamiske et al. 2003:167).

„Aus Sicht des Kunden ist Qualität somit durch die Erfüllung der Kundenanforderungen – also durch die von ihm wahrgenommenen Eigenschaften im weitesten Sinne – determiniert."(Kamiske et al. 2003:167).

Garvin hat fünf Sichtweisen der Qualität beschrieben, die die Vielschichtigkeit des Begriffs verdeutlichen.

1. Transzendente Sichtweise

   Qualität ist absolut und universell erkennbar, ein Zeichen von kompromißlos hohen Ansprüchen und Leistungen, sie ist nicht präzise zu definieren und wird nur durch Erfahrung empfunden.

2. Produktbezogene Sichtweise

   Qualität ist präzise und meßbar, Qualitätsunterschiede werden durch bestimmte Eigenschaften oder Bestandteile eines Produktes auch quantitativ widergespiegelt.

3. Anwenderbezogene Sichtweise

   Qualität liegt im Auge des Betrachters und weniger im Produkt, individuelle Konsumenten haben unterschiedliche Wünsche und Bedürfnisse, wobei diejenigen Güter, welche diese Bedürfnisse am besten befriedigen, als qualitativ besonders hochstehend betrachtet werden.

4. Prozeßbezogene Sichtweise

   Qualität ist das Einhalten von Spezifikationen, jede Abweichung impliziert eine Verminderung, hervorragende Qualität entsteht durch eine gut ausgeführte Arbeit, deren Ergebnis die Anforderungen zuverlässig und sicher erfüllt.

5. Preis-Nutzen-bezogene Sichtweise

   Qualität wird durch Kosten und Preise ausgedrückt, ein Qualitätsprodukt erfüllt eine bestimmte Leistung zu einem akzeptablen Preis bzw. steht in Übereinstimmung mit Spezifikationen zu akzeptablen Kosten (vgl. Kamiske et al. 2003:169 ff.).

Die Komplexität und Vielschichtigkeit des Begriffs „Qualität" bedingt ein prozessorientiertes Denken. Ein Prozess ist ein Ablauf und beinhaltet verschiedenste Tätigkeiten und Mittel. Die Planung, Steuerung und Kontrolle dieser Tätigkeiten und Mittel werden als Qualitätsmanagement bezeichnet.

Ein Qualitätsmanagement unterstützt eine Organisation in einem kontinuierlichen Verbesserungsprozess und bei der Fehlervermeidung. Es ist hilfreich bei der Kontrolle, Analyse und Optimierung von Prozessabläufen.

Ursprünglich ist Qualitätsmanagement im industriellen Bereich auf die Qualität eines Produktes angewendet worden. In der heutigen Wirtschaft stellt der Dienstleistungsbereich einen bedeutenden Wirtschaftsfaktor dar. Auch für diesen Bereich finden die Qualitätsmanagementsysteme Anwendung. Im Gesundheitswesen hat das Qualitätsmanagement erst sehr spät Einzug gehalten und befindet sich in den Kinderschuhen.

Geht man von Garvins anwenderbezogenen Sichtweise von Qualität aus, bestimmen die Kunden der Dienstleistung im Bereich des Gesundheitswesens, was Qualität auf diesem Gebiet ist. Einer der Kunden im Gesundheitsbereich sind die Kostenträger. Sie fordern eine qualitativ hochwertige Versorgung der Versicherten bei vertretbaren Kosten. Unterstrichen wird diese Forderung durch die gesetzliche Verpflichtung zur Teilnahme an externen Qualitätssicherungsmaßnahmen und zum einrichtungsinternen Qualitätsmanagement im § 135 ff. des SGB V. Die Bundesgeschäftsstelle Qualitätssicherung (BQS) ist beauftragt, die Daten zur externen Qualitätssicherung auf Basis der Vereinbarung des gemeinsamen Bundesausschusses unter Beteiligung der Privaten Krankenversicherer (PKV), Bundesärztekammer (BÄK) und der Berufsorganisationen der Krankenpflegeberufe zu sammeln und aufzubereiten und für ein Benchmark unter den Einrichtungen mit einem Versorgungsvertrag nach § 108 SGB V zur Verfügung zu stellen. Für den Bereich der ambulanten und stationären Vorsorge- und Rehabilitationseinrichtungen mit Verträgen nach § 111, 111a SGB V wird die externe Qualitätssicherung durch das Qualitätssicherungs-Rehaverfahren realisiert.

Dienstleistungen weisen einige Besonderheiten im Vergleich zu Produkten auf, die Auswirkungen auf das Qualitätsmanagement haben.

1. Immaterialität der angebotenen Leistung

   Bei Dienstleistungen handelt es sich im Gegensatz zu Sachgütern um keine physisch greifbaren Objekte. Damit kann auch die Qualität von Dienstleistungen vor der Erstellung und damit in aller Regel vor dem Kauf nur bedingt sinnlich wahrgenommen werden.

2. Integration des externen Faktors

   Die Erbringung einer Dienstleistung erfolgt am Kunden selbst oder an einem Gegenstand aus seinem Besitz (Verfügungsobjekt). Der Kunde selbst und sein Verfügungsobjekt bilden gemeinsam den sogenannten externen Faktor. Dieser muss bei der Erbringung der Dienstleistungen nicht nur vorhanden sein, sondern wird direkt in den Prozess der Leistungserbringung einbezogen.

3. Gleichzeitigkeit von Produktion und Konsum

   Dienstleistungen werden in dem Augenblick vom Kunden verbraucht, in dem sie erbracht werden. Sie sind daher auch nicht lagerfähig. Es handelt sich um eine Produktion, die durch die Anwesenheit des Kunden oder seines Verfügungsobjektes ausgelöst wird und nicht unabhängig davon ausgeführt werden kann (vgl. Kamiske et al. 2003:60 f.).

Im Gesundheitswesen kommen noch zwei wesentliche Aspekte hinzu. Bei Dienstleistungen aus dem Bereich des Gesundheitswesens ist der Konsument der Leistung ein anderer als der, der die Leistung finanziert. Der Konsument der Leistung, also der Versicherte hat ein Wissensdefizit gegenüber dem Leistungserbringer. Nicht in allen Fällen ist das vom Patienten erwartete Behandlungsergebnis zu gewährleisten. Viele Krankheitsbilder lassen eine vollständige Wiederherstellung des Gesundheitszustandes nicht zu. Hier sind die Erfüllung der Erwartungen der Kunden durch das medizinisch Mögliche begrenzt.

Die Qualität der Dienstleistung eines Klinikunternehmens stellt einen Wettbewerbsvorteil gegenüber Mitbewerbern dar. „Qualitätsmanagement wird zu einem Instrument zur Steigerung der Wirtschaftlichkeit. Auch im Krankenhaus gilt das Prinzip von Pareto: 20% des Aufwandes bringen 80% des Erfolgs." (Kolkmann et al. 1998:33) Die klassische Qualitätssicherung, die auf den Erhalt eines vorgegebenen Qualitätsniveaus eines Produktes ausgerichtet ist, wird immer mehr durch ein umfassendes Qualitätsmanagement abgelöst. Dieses umfassende Managementmodell ist das TQM-Modell. „TQM bezeichnet die durchgängige, fortwährende und alle Bereiche einer Organisation erfassende aufzeichnende, sichtende, organisierende und kontrollierende Tätigkeit, die dazu dient, Qualität als Systemziel einzuführen und dauerhaft zu garantieren." (Online im Internet URL: http://de.wikipedia.org). Die DIN EN ISO definiert das TQM als eine „...auf der Mitwirkung aller ihrer Mitglieder basierende Managementmethode einer Organisation, die Qualität in deren Mittelpunkt stellt und durch die Zufriedenstellung der Kunden auf langfristige Geschäftserfolge sowie auf Nutzen für die Mitglieder der Organisation und für die Gesellschaft zielt." Alle Aktivitäten der Mitarbeiter sind auf die Kundenzufriedenheit gerichtet und werden von der Klinikleitung unterstützt. (vgl. Gehrig 2003:9 f.).

In der Umsetzung dieses Modells gibt es verschiedene Systeme.

Die DIN EN ISO 9000 legt Grundsätze für Maßnahmen zum Qualitätsmanagement fest. In der ursprünglichen Form ist diese Norm für die Industrie entwickelt worden. Eine Übertragung in den Dienstleistungsbereich ist erst mit der Überarbeitung zu einem prozessorientierten Aufbau möglich geworden.

Die Norm definiert acht Grundsätze des Qualitätsmanagements:

1. Kundenorientierung
2. Verantwortlichkeiten der Führung
3. Einbeziehung der beteiligten Personen
4. Prozessorientierter Ansatz
5. Systemorientierter Managementansatz
6. Kontinuierliche Verbesserung
7. Sachbezogener Entscheidungsfindungsansatz
8. Lieferantenbeziehungen zum gegenseitigen Nutzen

Die DEGEMED (Deutsche Gesellschaft für medizinische Rehabilitation) hat ein zertifizierungsfähiges Qualitätsmanagementsystem für Rehabilitationskliniken auf der Grundlage der DIN EN ISO 9000 erarbeitet. Die DEGEMED als Spitzenverband der medizinischen Rehabilitation hat einen Auditleitfaden herausgegeben, der spezifische Anforderungen an Rehabilitationseinrichtungen festlegt. Dieser Auditleitfaden ist mehrfach überarbeitet und liegt jetzt in der vierten Version vor (vgl. Lutzmann 2006:8).

1988 gründeten 14 europäische Unternehmen die European Foundation for Quality Management (EFQM). Auch hier handelt es sich um Unternehmen aus der Industrie. Heute sind 800 Unternehmen aus etwa 40 Ländern Mitglieder dieser Organisation. Unternehmen, die nach diesem System arbeiten, streben nach vorbildlichen Leistungen in allen Bereichen des Geschäftsbereiches. Das höchste erreichbare Level des Systems ist der European Quality Eward und der deutsche Ludwig-Erhard-Preis. Zur Bewertung eines Unternehmens werden neun Kriterien beurteilt. Diese sind nach Befähiger- und Ergebniskriterien strukturiert.

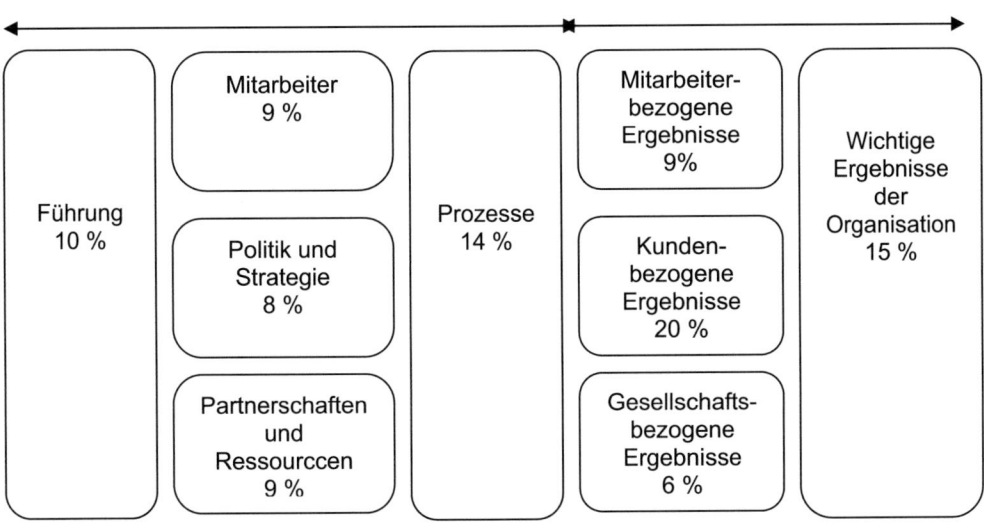

Befähiger „Wege und Mittel"   Ergebnisse

Führung
10 %

Mitarbeiter
9 %

Politik und
Strategie
8 %

Partnerschaften
und
Ressourccen
9 %

Prozesse
14 %

Mitarbeiter-
bezogene
Ergebnisse
9%

Kunden-
bezogene
Ergebnisse
20 %

Gesellschafts-
bezogene
Ergebnisse
6 %

Wichtige
Ergebnisse
der
Organisation
15 %

Abb. 1: Bildliche Darstellung des EFQM
Quelle: Gehrig 2003

Diese Kriterien orientieren sich an den acht Grundkonzepten des EFQM:

1. Kundenorientierung/ Kundenzufriedenheit

2. Führung und Zielkonsequenz

3. Management mit Prozessen und Fakten

4. Mitarbeiterentwicklung und –beteiligung

5. Kontinuierliches Lernen, Innovation und Verbesserung

6. Aufbau von Partnerschaften

7. Verantwortung gegenüber der Öffentlichkeit

8. Ergebnisorientierung

Speziell für den Akutbereich gibt es ein Zertifizierungsverfahren, welches 2001 ins Leben gerufen wurde. Dieses Projekt wird vom Bundesgesundheitsministerium gefördert, um Patienten Informationen über medizinische und pflegerische Versorgung zur Verfügung zu stellen. Spitzenverbände der Krankenkassen, Bundesärztekammer, die Deutsche Krankenhausgesellschaft und der Deutsche Pflegerat gründen die KTQ-GmbH, die Kooperation für Transparenz und Qualität im Gesundheitswesen. Seit 2004 gehört auch der Verband der Ärzte Deutschlands e.V. der Kooperation an. Seit dem Jahr 2004 hat die KTQ-GmbH das Zertifizierungsverfahren auch auf den Bereich der Arzt-, Zahnarzt- und Psychotherapeutenpraxen, Praxen und Institute der Pathologie und Zytologie, Rehabilitationseinrichtungen, Pflegeeinrichtungen, Hospize und alternative Wohnformen abgestimmt.

Auch hier finden sich ähnliche Bewertungskategorien wie in den zuvor genannten Verfahren:

1. Patientenorientierung
2. Mitarbeiterorientierung
3. Sicherheit der Einrichtung
4. Informationswesen
5. Führung der Einrichtung
6. Qualitätsmanagement

Bei diesem Verfahren wird zuerst eine Selbstbewertung an Hand eines Fragenkatalogs durchgeführt. Danach erfolgt die Fremdbewertung auf der Grundlage des gleichen Fragenkatalogs durch KTQ-Visitoren. Für jedes Kriterium werden Punkte vergeben. Erreicht das Unternehmen 55 % der Gesamtpunktzahl, erhält es das Qualitätszertifikat der KTQ (vgl. KTQ online)

Alle diese Verfahren zielen im Gegensatz zur Qualitätssicherung auf eine kontinuierliche Verbesserung der Dienstleistung. Die Maßnahmen des Qualitätsmanagements decken Qualitätsdefizite auf und beheben sie. Instrument für diesen Prozess ist das von Deming beschriebene PDCA-Konzept. Es läuft in vier Schritten ab:

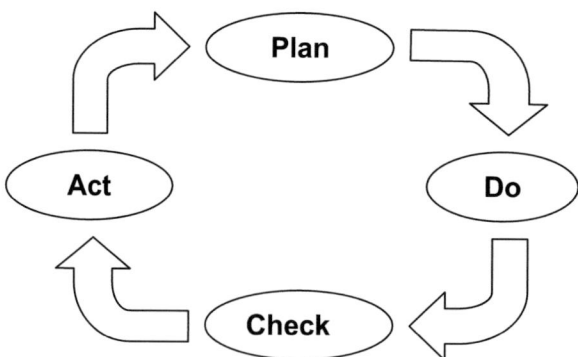

Abb. 2: PDCA-Zyklus nach Deming

Plan = Erkennen von Verbesserungspotenzialen, der aktuelle Zustand wird analysiert und die gewünschten Ergebnisse des Veränderungsprozesses definiert. Es werden Maßnahmen zur Zielerreichung festgelegt.

Do = Der Plan wird als Pilotprojekt in einer kleinen Einheit eingeführt, z.B auf einer Station

Check = es wird überprüft, ob die erwarteten Ergebnisse erreicht wurden, evtl. werden Veränderungen am Plan vorgenommen

Act = Umsetzung der Verbesserung in allen Bereichen z. B. allen Stationen

„Qualitätsmanagement heißt also, systematisch die Unterschiede zwischen angestrebtem (Soll) und tatsächlich erreichten Leistungsresultaten (Ist) aufzuzeigen, die Ursachen dafür zu analysieren und Verbesserungen einzuleiten." (Kolkmann et al. 1998:7)

Diese Methode kann bei der Implementierung des Entlassungsmanagements angewendet werden.

Im Rahmen eines Projektes wird zuerst der Ist-Zustand analysiert und der Soll-Zustand, also das Ziel festgelegt. Die Maßnahmen, die zur Zielerreichung führen sollen werden definiert. In einem Bereich des Krankenhauses werden diese Maßnahmen umgesetzt und dann überprüft, ob das geplante Ziel mit diesen Maßnahmen erreicht wird. Evtl. Korrekturen am Konzept werden vorgenommen, bevor das Konzept auch auf andere Abteilungen übertragen wird.

Auch in der späteren Phase des kontinuierlichen Verbesserungsprozesses im Rahmen des Entlassungsmanagements kommt der PDCA-Zyklus zur Anwendung.

Die Patientenbefragung, die gemäß Expertenstandard 48 Stunden nach der Entlassung des Patienten erfolgt, liefert Aussagen zur Zufriedenheit der Patienten mit dem Entlassungsmanagement und zu Qualitätsmängeln im Ergebnis dieses Prozesses. Es werden dann Ziele und Maßnahmen zur Verbesserung des Prozesses definiert. Diese Maßnahmen werden dann eingeleitet und erneut die Zielerreichung durch eine erneute Befragung überprüft.

2.2.2   Dimensionen von Qualität

In Bereichen der Gesundheitsversorgung gewinnt die Qualitätssicherung erst in den letzten Jahren zunehmend an Bedeutung. Die jüngste Gesetzgebung der Bundesregierung verankert die Verpflichtung zur Qualitätssicherung im SGB V.

Donabedian gilt als der Begründer des Qualitätsmanagements im Gesundheitswesen.

Er benannte die Kriterien der Qualität.

Struktur:

Struktur ist der „innere Aufbau eines Gegenstandes oder Gedankenbilds" (Bertesmann Lexikon 1990, Band 14:39).

Bezogen auf die Qualität von Gesundheitsleistungen einer Einrichtung beinhaltet dieses Kriterium die Aufbauorganisation. Es bezeichnet die materiellen, personellen und finanziellen Ressourcen die zur Leistungserbringung zur Verfügung stehen.

In diese Dimension gehören:

- die Qualität und Quantität des Personals
- Aus-, Fort- und Weiterbildung
- finanzielle Mittel
- die Qualität und Quantität der Räumlichkeiten
- die Qualität und Quantität der technischen Ausstattung, sowie deren Wartung, Prüfung und Reparatur u.ä.

Instrumentarien zur Darstellung dieser Struktur sind z. B. Stellenpläne, Fortbildungspläne, Gerätelisten, Prüfprotokolle, Organigramm, Formularwesen u.ä.

Die Strukturqualität alleine ist noch keine Garantie für eine Qualität in der Patientenversorgung (vgl. Kolkmann et al.1998:10).

Prozess:

Ein Prozess ist ein Ablauf, Vorgang, Verfahren (Bertelsmann Lexikon 1990, Band 12: 43). In einer Einrichtung des Gesundheitswesens wird dies dargestellt in der Ablauforganisation. Die Prozessqualität beinhaltet die Koordination und Verknüpfung der strukturellen Merkmale zu einem geregelten Ablauf zur Erstellung einer Dienstleistung.

„Die Prozeßqualität umfaßt alle Maßnahmen und Aktivitäten, die im Laufe der Patientenversorgung ergriffen oder nicht ergriffen werden. Sie steht im

Zentrum des Qualitätsmanagements im Krankenhaus." (Kolkmann et al. 1998:10)

Die Qualität auf der Prozessebene bestimmt die Qualität auf der Ergebnisebene.

Im Mittelpunkt der Prozessqualität steht der Patient. Die Zusammenarbeit der einzelnen Berufsgruppen muss auf die Bedürfnisse der Patienten abgestimmt sein.

Die Prozessqualität wird bestimmt durch die Art und Weise, wie die Information, Kommunikation und Kooperation zwischen den einzelnen Berufsgruppen, aber auch zwischen Mitarbeitern der Einrichtung und Patienten und Angehörigen stattfindet, wie Patienten und Angehörige in den Behandlungsprozess einbezogen werden, wie sie informiert und in Krisensituationen unterstützt werden.

„Informations-, Kommunikations- und Kooperationsbeziehungen müssen patientenorientiert gestaltet werden. Voraussetzungen für Verbesserungen ist hier die kontinuierliche Fortbildung der Mitarbeiter aller Berufsgruppen mit dem Ziel, deren soziale Kompetenz weiterzuentwickeln." (Kolkmann et al. 1998:11).

Die Instrumente zur Darstellung der Prozessqualität sind Stellenbeschreibungen, Verfahrensanweisungen, Standards, die sich am neuesten Stand des medizinischen und pflegerischen Wissens orientieren.

Behandlungspfade sind spezifische Standards, die auf die Behandlung bestimmter Krankheitsbilder ausgerichtet sind und helfen, die Angemessenheit medizinischer und pflegerischer Leistungen zu begründen, da sie auf wissenschaftlichen Erkenntnissen basieren.

Ergebnis:

Ergebnisqualität misst das Resultat der therapeutischen Interventionen. Messbar werden die Ergebnisse durch Kennzahlen wie z.B. Mortalitätsraten, Verweildauern, Komplikationsraten, Fragebögen zur Patienten- und Mitarbeiterzufriedenheit, Messung der Pflegeabhängigkeit bei Aufnahme und Entlassung u.ä. Neben objektiven, messbaren Kriterien bieten auch subjektive Betrachtungen über Patientenmeinungen und –beschwerden eine Aussage zur Ergebnisqualität. Eine gute Ergebnisqualität wird primär von der Qualität der Steuerung der Prozesse begründet.

2.2.3 Der Kundenbegriff im Gesundheitswesen

„Ein Kunde ist jeder Mensch, der Interesse an den Produkten oder Dienstleistungen eines Unternehmens oder an deren potenzieller Nutzung hat – sowohl in Bezug auf Erwerb bzw. Kauf, wie auch in Bezug auf deren Vermarktung. Darüber hinaus kann aber auch jede Institution (gewinnorientierte Firma, gemeinnützige Organisation, Staat/Verwaltung, Verein) als „Kunde" auftreten." (Wikipedia 2008). Kunden eines Gesundheitsunternehmens sind:

- Patienten
- Angehörige
- Kostenträger
- Mitarbeiter
- Banken
- Einweisende Ärzte
- Zuweisende Kliniken

Die Erwartungen der einzelnen Kunden sind different.

Qualitätsmanagementkonzepte müssen so ausgerichtet sein, dass alle Kunden die angebotene Dienstleistung akzeptieren.

Kundenzufriedenheit ist eines der Kernpunkte innerhalb des Qualitätsmanagements. Kundenorientierung bei der Gestaltung der Prozesse im Krankenhaus oder Rehabilitationseinrichtung kann die Kundenzufriedenheit verbessern und stellt einen Wettbewerbsvorteil auf dem Gesundheitsmarkt dar. Kundenorientierung heißt, sich auf die Leistungen zu konzentrieren, die vom Kunden erwartet werden. „Demnach ist nicht das Leistungsangebot entscheidend, was das Krankenhaus glaubt, anbieten zu müssen, sondern das Problem, welches der Kunde gelöst haben möchte."(Krabbe 2003:12). Patienten bewerten nicht nur die medizinische und pflegerische Versorgung, sondern auch Kommunikation mit den Ärzten, Freundlichkeit, Zuverlässigkeit und Kompetenz des Personals.

Der Begriff des Kunden auf den Patienten anzuwenden ist nicht unumstritten. So sagt Kolkmann: "Patienten sind keine wirklichen Kunden. Ihre Wahlfreiheit ist in der Regel krankheitsbedingt eingeschränkt. Auch haben sie nur im Ausnahmefall Medizin studiert, so dass ihr Informationsstand bei aller Förderung von „Informed-Consens" ...meist nicht ausreicht, wirklich unabhängige Entscheidungen zu treffen." (Kolkmann 2000:12). Die Wahlfreiheit ist auch durch andere Situationen wie z.B. Unfall oder Notfallsituationen eingeschränkt, in denen der Patient nicht frei entscheiden kann, in welchem Krankenhaus er behandelt werden möchte.

Kostenträger erwarten eine gute Versorgung ihrer Versicherten, die sich an dem neuesten Stand der wissenschaftlichen Erkenntnisse und dem Bedarf des Versicherten orientiert. Dies impliziert den wirtschaftlichen Umgang mit den zur Verfügung stehenden Ressourcen gemäß § 12 SGB V.

Für die Patientenströme ist die Zufriedenheit der niedergelassenen Ärzte von großer Bedeutung. Untersuchungen zeigen, dass 45 % der Patienten sich für das vom Arzt vorgeschlagene Krankenhaus entscheiden (vgl. Beumers et al. 1997: 221 ff.)

Im Rahmen der DRG erwarten Krankenhäuser von Rehabilitationskliniken die Übernahme der Patienten in kürzester Zeit.

2.3 Entlassungsmanagement

2.3.1 Zusammenhang zwischen Case- und Entlassungsmanagement

Mit Einführung der DRG's halten in deutschen Krankenhäusern Case Managementmodelle Einzug. Case Management ist ein Begriff aus der Sozialarbeit und findet in vielen Bereichen der Gesellschaft Anwendung. Es bedeutet Fallmanagement und begleitet und unterstützt Menschen in schwierigen Lebenssituationen. Personen mit einer besonderen Ausbildung stehen als Case Manager zur Verfügung. Professionelle Case Manager bieten Hilfe zur Erlangung einer Selbstkompetenz, um eine schwierige Lebenssituation zu meistern. Der Case Manager übernimmt die Rolle eines Vermittlers zwischen den Erwartungen der zu betreuenden Personen und den Möglichkeiten, die das System zur Verfügung stellt. Case Management übernimmt eine Brückenfunktion auf dem Weg zur Teilhabe am gesellschaftlichen Leben. Das Konzept begleitet einen Anpassungs- und Bewältigungsprozess und vermittelt zwischen persönlichen Interessen und Ressourcen des Systems. „Zu vermitteln ist zwischen den Dispositionen und dem Disponiertsein eines Menschen (man kann auch sagen: seinem Verhalten und seinen Verhältnissen) und den Gegebenheiten einer Wirtschafts-, Kultur- und Sozialwelt, der die Person angehört und an der ihr Teilhabe zusteht. Zwischen den Gegebenheiten von Selbst (eigenem Erleben) und Welt (mit den Systemen, in dem sie organisiert ist) muss eine Übersetzungs- und Vermittlungsarbeit geleistet werden."(Wendt 2008:14). Case Management wurde im Rahmen der Enthospitalisierung von geistig behinderten und psychisch kranken Menschen entwickelt, findet auch Anwendung bei der Beschäftigungsförderung bei Empfängern von Arbeitslosengeld und Arbeitslosengeld II und in der Kinder- und Jugendarbeit. Der Vorstand der Case-Management Society of America hat folgende Definition von Case Management gebilligt: „Case-Management is a collaborative Process wich assesses, plans, implements, coordinates, monitors and evaluates the options and service required to meet an individual's health needs, using communication and available resources to promote quality cost effective outcomes." (vgl. Schwaiberger 2002:17). Case Management hört nicht bei der Schnittstelle stationär zu ambulant auf, sondern begleitet den Patienten auch über diese Grenzen hinaus während des gesamten Krankheitsverlaufs.

Die Mehrzahl der in den Gesundheitseinrichtungen praktizierten Modelle bilden jedoch nur einen kleinen Teil des Case Managements ab. Diese Modelle beschränken sich meist auf die Prozeßsteuerung innerhalb der Einrichtung und das Schnittstellenmanagement zwischen stationärem und ambulantem Bereich Eine klare Abgrenzung zwischen den Begriffen gibt es nicht. Der Grund dafür ist, dass der Begriff Case Management in der Gesundheitsversorgung nicht einheitlich definiert ist. Da die meisten Konzepte die institutionellen Grenzen nicht überschreiten, werden sie eher dem Begriff Entlassungsmanagement zugeordnet.

In diesem Prozess fungiert der Entlassungsmanager als Systemagent und koordiniert die Patientenversorgung, wobei der Einflußbereich auf die Institution beschränkt bleibt. Das Krankenhaus bzw. Rehabilitationseinrichtung bereitet die Versorgung des Patienten nach der Entlassung vor, danach ist der Einfluss des bis dahin betreuenden Mitarbeiters beendet. Bei den gegenwärtig praktizierten Konzepten erhält der Patient eine Beratung und Begleitung während des stationären Aufenthaltes um seine

Selbstkompetenz zu stärken und einen Zugang zu den sozialen Systemen wie z.B. Selbsthilfegruppen, ambulanten Pflegediensten, Pflegestützpunkten, stationären Pflegeeinrichtungen und Unterstützung in Finanzierungsfragen zu schaffen.

Die Definition des Begriffs „Entlassungsmanagement" aus dem Pflege-Wiki-Portal zeigt deutlich die Begrenzung auf die Entlassung aus der Institution. Unter Entlassungsmanagement werden hier folgende Inhalte verstanden:

- Koordinierung des ambulanten Umfeldes der Klinik auf Wunsch von zur Entlassung nach Hause anstehenden Patienten dieser Klinik
- Unterstützung der klinikinternen Prozesse sowohl zu just-in-time Aufnahme als auch zur frühzeitigen Entlassung des Patienten
- Angebot prä- und poststationärer personeller Kompetenzen und struktureller Kapazitäten

(vgl. Pflegewiki 2008).

Entlassungsmanagement beginnt mit der Aufnahme des Patienten und endet mit dessen Entlassung aus der Institution.

Das Angebot prä- und poststationärer Kompetenzen gibt es nicht flächendeckend sondern punktuell z. B. in der Betreuung von Frauen, die an Brustkrebs erkrankt sind oder in der psychiatrischen Versorgung.

Case Management erfordert an dieser Stelle eine weitere Betreuung des Patienten durch den Case Manager im ambulanten Bereich. Dies findet momentan im deutschen Gesundheitswesen noch nicht statt.

Case Management Projekte gibt es im europäischen Raum u.a. in Deutschland, Österreich, Spanien, Niederlande, Italien, Luxemburg. Sie unterscheiden sich durch ihre Trägerschaft und damit der Finanzierung und in der institutionellen Einbindung. Die institutionelle Einbindung entscheidet wesentlich über die Patientenstruktur und den Zugangsmöglichkeit zum Case Management.

Folgende Organisationsformen sind bekannt:

- Eigenständige Beratungsstelle (Emilia Romagna, Deutschland)
- Anbindung an ein Stadtteilzentrum (Österreich, Spanien)
- Seniorenzentrum oder ambulanter Dienst (Baden-Württemberg)
- Verwaltung der Pflegeversicherung (Luxemburg)
- Stadtverwaltung (Israel, Hamburg)

- Krankenhaus (Belgien, Rom)
- Altenheim oder Service-Wohnanlage (Niederlande) (vgl. Engel et al. 1999 :25ff)

Die Kontaktaufnahme zu den Patienten erfolgt in der Regel im häuslichen Bereich. Das Case Management beschränkt sich hier auf den ambulanten Bereich z.B. in Spanien, Luxemburg, Deutschland).

In Belgien und Italien erfolgt die Kontaktaufnahme bereits im Kranken-haus. Ist das Case Management institutionell in einen klinischen Bereich eingebunden, konzentrieren sich die Aktivitäten auf die Überleitung nach Abschluss der Krankenhausbehandlung in den nachversorgenden z. B. ambulanten Bereich. In keinem Fall gibt es einen Case Manager, der den Patienten über alle Sektoren des Gesundheits- und Sozialwesens beglei-tet.

2.3.2 Ziele und Aufgaben des Entlassungsmanagements

Oft liegt nach einem Krankenhausaufenthalt bei den Patienten erstmals ein Versorgungsbedarf vor oder ein vorher schon vorhandener Bedarf verändert sich.

Die frühzeitige Sicherstellung der nachstationären Versorgung trägt zur Verkürzung der Verweildauer und somit zur Kostensenkung für das ge-samte Gesundheitssystem bei.

Entlassungsmanagement ermöglicht die Überwindung von Schnittstellen zwischen den einzelnen Sektoren des Gesundheitswesens, vermeidet Versorgungseinbrüche und sichert eine Kontinuität im Versorgungspro-zess des Patienten.

Der sogenannte „Drehtüreffekt", die wiederholte stationäre Aufnahme eines Patienten ist ein Indiz für ein ineffektives Entlassungsmanagement. In einigen Studien wird von Rehospitalisierungsraten von bis zu 20 % innerhalb des ersten Monats nach der Entlassung, bei einigen Patienten-gruppen in höherem Alter sogar von 50 % innerhalb eines Jahres berichtet (vgl. Wingenfeld et al. 2007:2). Gründe für Rehospitalisierungen sind u.a. die ungenügende Vorbereitung des Patienten und deren Angehörige auf Krisensituationen. Solche Krisensituationen können z. B. misslungenes

Schmerzmanagement, Überforderung bei der Arzneimitteltherapie, Überlastung des sozialen Umfelds, ungeeignete häusliche Umgebung, Wissensdefizite, soziale Benachteiligung und Armut sein (vgl. Wingenfeld 2005:13). Hier wird deutlich, wie immanent wichtig die Beratung, Edukation und Information sind. Darin liegen die Aufgabenfelder des Entlassungsmanagements. Patienten und Angehörige erlangen die Kompetenz zu einem adäquaten Krankheitsmanagement durch die Vermittlung von Wissen, manuellen Fertigkeiten und Pflegetechniken. (vgl. Wingenfeld 2005:31).

Bei systematischer Erhebung eines zu erwartenden Versorgungsbedarfs bei Aufnahme eines Patienten und rechtzeitiger Organisation und Koordination der weiteren Versorgung kann eine Kostensteigerung durch Überschreiten der Verweildauer vermieden werden und einer Über-, Unter- oder Fehlversorgung vorgebeugt werden.

Entlassungsmanagement auf der Systemebene benötigt ein Netzwerk verschiedener Professionen, Dienstleistungsanbieter und informeller Hilfen vor Ort. Dazu gehören ambulante Pflegedienste, stationäre Pflegeeinrichtungen, Sanitätshäuser, Home Care Unternehmen, niedergelassene Ärzte, Selbsthilfegruppen und nicht zuletzt pflegende Angehörige. Voraussetzung für ein funktionierendes Entlassungsmanagement sind Veränderungen im Denken der Akteure auf allen Ebenen des Systems. In den einzelnen Organisationen und auch in der Politik sind Rahmenbedingungen zu schaffen, die ein berufsgruppen- und institutionsübergreifendes Handeln ermöglichen. Die Politik sollte durch Gesetzgebung eine sektorenübergreifende Verfahrensweise unterstützen. Die Überschneidungen der einzelnen Leistungsbereiche nehmen zu. Entlassungsmanagement ist ein multi- und interprofessioneller Prozeß. Bereitschaft zur Kooperation verschiedener Professionen ist Grundvoraussetzung für die Effektivität und Qualität des Versorgungsmanagements.

Für Patienten und Angehörige ist das Angebot von Leistungen unüberschaubar. Case- oder Entlassungsmanager informieren Patienten und deren Angehörigen zu den Angeboten und Möglichkeiten des Sozialsystems und helfen ihnen den Zugang zu den Angeboten zu erlangen. Dabei gilt das Prinzip Selbsthilfe vor Fremdhilfe. Entlassungsmanagement fördert bei den Patienten die Selbsthilfekompetenz und nur wo dies nicht mehr ausreicht, wird fremde Hilfe in Anspruch genommen. Im Prozess des Schnittstellenmanagements haben Angehörige einen hohen Stellenwert. Bei schwerwiegenden Erkrankungen wie z.B. Schlaganfall, Demenz u.ä. bleiben die Auswirkungen der Krankheit nicht auf den Betroffenen alleine begrenzt, sondern haben Einfluss auf das weitere Leben der gesamten Familie. Der Informationsaustausch zwischen den Sektoren ist unzureichend. Entlassungsmanagement bietet in dieser Situation Hilfe zur Selbsthilfe, d.h. Patienten und ihre Angehörigen erhalten Hilfe und Beratung bei der Suche nach Lösungsmöglichkeiten für ihre Gesundheitsprobleme (vgl. Dash et al. 2000.10). Dazu gehört die Edukation der Patienten insbesondere in präventiven und gesundheitsfördernden Maßnahmen, um so die Kompetenz der Patienten zur Bewältigung einer kritischen Situation zu fördern.

Der Versorgungsbedarf der Patienten umfaßt körperliche, psychische und soziale Aspekte und benötigt die Mitarbeit des Patienten, der Angehörigen, Betreuer, Ärzte, Sozialarbeit, Therapeuten und Pflegekräften.

Ziele des Entlassungsmanagements:

1. Sicherstellung der Versorgungskontinuität zwischen stationärem und ambulantem Bereich
2. Verbesserung der Patienten/Angehörigenzufriedenheit
3. Beschränkung des Krankenhausaufenthaltes auf das erforderliche Mindestmaß
4. Vermeidung unnötiger Wiedereinweisungen
5. Entlastung des stationären Personals.

Das Qualitätsmanagement einer Klinik hat die Aufgabe, die Verantwortlichkeiten über Verfahrensanweisungen regeln, um die Arbeitsabläufe für alle Mitarbeiter und Kunden transparent darstellen zu können. Dabei sind folgende Aufgaben zu realisieren :

1. Information und Beratung der Patienten und deren Angehörigen (insbesondere zu Versorgungsmöglichkeiten und Versicherungsleistungen)
2. Abstimmung mit Kranken- und Pflegekassen und dem Medizinischen Dienst der Krankenkassen
3. Vermittlung ambulanter Pflegedienste und anderer Leistungsangebote

4. Sicherstellung der Hilfsmittelversorgung

5. Dokumentation (Überleitungsbogen)

6. Information des Hausarztes

7. Kommunikation zwischen einzelnen Versorgungsinstanzen

8. Netzwerkpflege zur hausinternen Zusammenarbeit und Kooperation mit Pflegeeinrichtungen

(vgl. Wingenfeld et al. 2007: 5).

Nach einer Studie der Arbeitsgemeinschaft der Pflegeüberleitung in NRW in Zusammenarbeit mit dem Institut für Pflegewissenschaft an der Universität Bielefeld zeigt sich der größte Teil der Befragten mit dem Entlassungsmanagement zufrieden. Dies betrifft organisatorische Aspekte ebenso wie Information und Beratung (vgl. Wingenfeld et al. 2007: Abstract).

Dabei liegen nach deutschsprachigen pflegewissenschaftlichen Veröffentlichungen die Schwerpunkte in der

• Beratung zu Hilfsmittelbeschaffung und Hilfsmittelgebrauch

• Beratung in sozialrechtlichen Fragen und zu finanziellen Hilfen

• Beratung zu Entlastungsmöglichkeiten pflegender Angehöriger

• Beratung zu pflegerischen Methoden und Techniken

• Beratung zu präventiven Maßnahmen und Prophylaxen

(Gittler-Hebestreit 2006:21)

Entlassungsmanagement umfasst Aufgaben aus dem Kompetenzbereich des Sozialdienstes und des Pflegebereiches. Das Entlassungsmanagement verläuft in Phasen, ähnlich der des Pflegeprozesses. Zuerst wird ein Assessment durchgeführt d. h. der Bedarf des Klienten wird durch eine Problemanalyse erhoben. Danach erfolgt die Planung der Hilfeleistung und deren Durchführung. Eine anschließende Kontrolle wird die Effektivität der Maßnahmen verdeutlichen.

2.3.3 Bedeutung des Entlassungsmanagements für die Organisationsentwicklung

Krankenhäuser sind Expertenorganisationen. Diese Organisationen beschäftigen professionelle Mitarbeiter, die verschiedenen Professionen angehören und relativ unabhängig voneinander arbeiten. Die Struktur ist vertikal und horizontal stark dezentralisiert. Autorität beruht auf fachlicher Kompetenz. In diese Organisationen werden nur Mitarbeiter mit einem bestimmten Qualifizierungspotenzial aufgenommen (vgl. Mintzberg 1989:116 ff.). Die Experten konzentrieren sich auf fachabteilungs- und berufsstandsbezogene Fragestellungen. Die Konzeption interdisziplinärer Handlungsrahmen wie z.B. im Case Management geraten in den Hintergrund. Expertenorganisationen sind nicht wie andere Dienstleistungsunternehmen zu managen. *„Netzwerke und persönliche Beziehungen* spielen eine besondere Rolle, *Leistungen* sind meist nicht einfach meßbar, *Ziele* oft nicht quantifizierbar, Ergebnisse häufig nur indirekt beobachtbar, *Qualität* schwierig zu definieren und zu evaluieren." (Wabnegg 2005). Wabnegg nennt folgende Herausforderungen an das Management dieser Organisationen:

- Gestaltung von Prozessen und Kommunikationsarchitekturen
- Management von Beziehungen und Konflikten
- Sicherung von Motivation und organisatorischen Rahmenbedingungen

(vgl. Wabnegg 2005).

Die prozessorientierte Zusammenarbeit aller Berufsgruppen ist eine existentielle Vorraussetzung für Krankenhäuser. „Für die Krankenhäuser bedeutet dies derzeit eine Auseinandersetzung mit ihren bisherigen Organisations- und Führungsstrukturen. Der zunehmende Wettbewerb um Patienten bei steigenden Fallzahlen und knappen Ressourcen bewirkt zunehmend eine Abkehr von einer eher funktionalen, rollenorientierten Organisationsstruktur hin zu einer ablauf- und prozessorientierten Leistungserbringung." (Dörpinghaus et al. 2004:16). Pape schreibt dazu: „Die Vorstellung Case Management im stillen Kämmerlein betreiben zu können, indem man sich einzig und allein intensiv um den Patienten als Fall kümmern muss, damit die Versorgung optimal wird, ist ein Trugschluss. Damit Case Management funktionieren und seine volle Wirkungskraft entfalten kann, müssen sich das gesamte System, die gesamte Organisation sowie alle beteiligten Personen auf dieses neue Handlungskonzept ausrichten." (Pape 2008:13). Die Ablauf- und Aufbauorganisation in deutschen Krankenhäusern ist sehr heterogen. Sie ist stark von der Größe, dem Versorgungsauftrag und den Eigentumsverhältnissen abhängig. Pape stellt fest, dass die Strukturen in deutschen Krankenhäusern und im gesamten Gesundheitssystem veraltet sind und nicht mehr den neuen Anforderungen entsprechen (vgl. Pape 2008:13). Probleme in der Organisation sind auf fehlende Transparenz von Prozessorganisation, Aufgabenbereich und Arbeitsteilung, fehlende Formalisierung und Unkenntnis der Rahmenbedingungen und Arbeitsweise in anderen Bereichen zurückzuführen (vgl. Wingenfeld 2005:26). Veränderte Rahmenbedingungen wie z.B. Konzentrations- und Expansionsbemühungen verlangen eine Veränderung der Organisationsstruktur. Das Nebeneinander von Pflege, Ärzten und Verwaltung ist wenig zielführend im Wettbewerb um die Existenz eines Krankenhauses und muss einem Miteinander weichen. Die aufbauorganisatorische Einordnung des Case Managements ist aufgrund fehlender Publikationen nicht eindeutig zu klären (vgl. Huber 2008:380). „Einigkeit herrscht dabei über Sinn und Notwendigkeit einer zentralen Steuerungsinstanz in Form des Case Managements. Allerdings variieren die Vorstellungen darüber, wie das Case Management in die Organisationsstruktur des Hauses eingegliedert werden sollte, was Grund zur Annahme ist, dass eine erschöpfende interdisziplinäre Klärung hierzu noch nicht erfolgt ist." (Huber 2008: 381). Huber hat eine Studie zur organisatorischen Einordnung und zu den Aufgabenbereichen des Case Managements durchgeführt. Danach favorisieren Verwaltungsdirektoren, ärztliche Direktoren und Pflegedirektoren die Einbindung des Case Managements als Stabsstelle im jeweils eigenen Direktionsbereich. In diesen Fällen hat Case Management eine beratende Funktion ohne Weisungsbefugnis. Die Tätigkeitsfelder des Case Managements werden von einem großen Teil der Verwaltungsdirektoren sowohl im medizinischen als auch im sozialen und pflegerischen Bereich gesehen. Die Pflegedirektoren sehen den Tätigkeitsbereich eines Case Managements, ähnlich wie die ärztlichen Direktoren, vorwiegend im pflegerischen und sozialen Bereich. Im medizinischen Bereich sehen nur 18 % der ärztlichen Direktoren ein Tätigkeitsfeld des Case Managements. Pflegedirektoren sehen im medizinischen Bereich Aufgaben für das Case Management (Tabelle 1).

Tabelle 1: Tätigkeitsbereich eines Case Managers

KBL Antwort	Ärztliche Direktoren n=98 (100%)	Verwaltungsdirektoren n=75 (100%)	Pflegedirektoren n=119(100 %)
Medizinisch	18 (18 %)	50 (67 %)	85 (71 %)
Pflegerisch	90 (92 %)	50 (67 %)	117(98 %)
Sozial	82 (84 %)	54 (72 %)	109 (92 %)
Kein Bereich	1 (1 %)	21 (28%)	0 (0 %)
Keine Antwort	1 (1 %)	0 (0%)	1 (1 %)

(Quelle: Huber 2008, S.382)

Ein Unternehmensleitbild trägt dazu bei, dass allen Mitarbeitern die unternehmenspolitische Ausrichtung bekannt ist. Im Sinne einer Prozessorientierung sollte über eine Neuverteilung der Aufgaben und Delegation von Verantwortung auf nachgelagerte Führungsebenen nachgedacht werden. Die Implementierung der Methode des Case Managements führt zu einer tiefgreifenden Veränderung der bisherigen Struktur. Eine solche Veränderung ruft Widerstand bei beteiligten und betroffenen Personen hervor. Dieser Widerstand ist eine normale Begleiterscheinung bei Veränderungsprozessen innerhalb einer Organisation, dessen Ausbleiben ungewöhnlich ist. (vgl. Rosenthal 2003a:53). Doppler und Lauterburg definieren Widerstand wie folgt: „Von Widerstand kann immer dann gesprochen werden, wenn vorgesehene Entscheidungen oder getroffene Maßnahmen, die auch bei sorgfältiger Prüfung als sinnvoll, ‚logisch' oder sogar dringend notwendig erscheinen, aus zunächst nicht ersichtlichen Gründen bei einzelnen Individuen, bei einzelnen Gruppen oder bei der ganzen Belegschaft auf diffuse Ablehnung stoßen, nicht unmittelbar nachvollziehbare Bedenken erzeugen oder durch passives Verhalten unterlaufen werden." (Doppler et al. 1995:293). Im Umgang mit Widerstand gibt es mehrere Ansätze. Um den Prozess des Entlassungsmanagements erfolgreich gestalten zu können, scheint ein partizipativer Ansatz in Form des Projektmanagements sinnvoll.

2.3.4 Bedeutung des Entlassungsmanagements innerhalb des Qualitätsmanagements

Die überragende Qualität eines Produktes oder einer Dienstleistung stellt einen Wettbewerbsvorteil gegenüber anderen Anbietern dar. Dies ist auch auf dem Gesundheitsmarkt von zunehmender Bedeutung. Die Kunden der Gesundheitsdienstleistungen, hier insbesondere die Patienten und Kostenträger, haben die Möglichkeit, den Anbieter zu wählen. Sie treffen die Wahl nach dem Grad der Erfüllung ihrer Erwartungen. In vielen Studien wurden die Erwartungen der Patienten an die Qualität der gesundheitlichen Versorgung ermittelt (vgl. Ruprecht 2003:7). Eine der Erwartungen ist die Kontinuität der Behandlung. „Patienten erleben oft einen herben Bruch in der Behandlung, wenn sie zwischen den verschiedenen Versorgungsstrukturen wechseln müssen – z.B. ambulant nach stationär oder umgekehrt. Sie verstehen die institutionellen Barrieren nicht und empfinden es als schwierig, das System zu durchschauen und effektiv für sich zu nutzen."(Ruprecht 2003:9). Entlassungsmanagement hilft, diese Erwartung zu erfüllen, da es genau auf diese Schnittstelle zwischen den Sektoren fokussiert ist. Management bedeutet die „Steuerung von Kernprozessen in Organisationen, mit dem Fokus auf der Strukturierung der organisatorischen Rollen und deren Aufgaben." (Wikipedia). Die Krankenkassen als Kostenträger sind Kunden der Krankenhäuser. Als Körperschaften des öffentlichen Rechts stellen sie die gesetzliche Krankenversicherung sicher. Die gesetzliche Grundlage ist das SGB V. Im § 135a dieses Gesetzbuches ist eine Erwartung des Kostenträgers definiert, dort heißt es : „Die Leistungserbringer sind zur Sicherung und Weiterentwicklung der Qualität der von ihnen erbrachten Leistungen verpflichtet. Die Leistungen müssen dem jeweiligen Stand der wissenschaftliche Erkenntnisse entsprechen und in der fachlich gebotenen Qualität erbracht werden." In der Medizin hat sich zur Qualitätssicherung längst die Methode der evidenzbasierten Medizin etabliert. Außerhalb dieses Bereiches orientiert sich die Praxis eher an individuellen Erfahrungen, überkommenen Handlungsroutinen, Intuitionen und ungeprüften Theorien. Sackett et al. beschreiben die evidenzbasierte Medizin als „the conscientious, explicit, and judicious use of current best evidence in making decisions about the care of individual patients. The practice of evidence based medicine means integrating individual clinical expertise with the best available external evidence from systematic research" (Sackett et al. 1996:71). Es sind Handlungsempfehlungen, die sich auf konkrete Situationen beziehen. Entlassungsmanagement ist sehr komplex und immer im Kontext unterschiedlicher Situationen zu sehen. Hier ist der Grundsatz der Wissensbasierung nicht typischer Weise anwendbar. Dabei gelten randomisierte kontrollierte Studien als das am besten geeignete Forschungsdesign um zu einer eindeutigen Fragestellung eine eindeutige Aussage zu erhalten. Dagegen rangieren einfache vergleichende Studien, qualitative Studien oder Expertenmeinungen am Ende der Liste geeigneter Forschungsmethoden (vgl. Wingenfeld 2005:34f.). Im pflegerischen Bereich stellen Expertenstandards den aktuellen Stand der wissenschaftlichen Erkenntnisse dar. „Qualitätsmanagement im Gesundheitsdienst ist unwiderruflich. Durch evidenzbasierte Pflege strebt die Pflegeprofession <Gute Pflege> an und Expertenstandards sind ein Mittel unter anderen zu diesem Ziel." (Thome 2006:145). Das Deutsche Netzwerk für Qualitätssicherung in der Pflege hat mehrere Expertenstandards erarbeitet und veröffentlicht. Einer dieser Standards ist „Entlassungsmanagement in der Pflege" und stellt den theoretischen Rahmen zur Implementierung dieses Prozesses. Die Qualität eines Entlassungsmanagement wird durch die Wünsche und Bedürfnisse der Patienten bestimmt. Studien zu Problemlagen und Anforderungen von Patienten an ein Entlassungsmanagement gibt es wenige. Um die Bedürfnisse der Patienten und damit die Zielsetzung eines Entlassungsmanagements zu definieren, können innerhalb der Institution Patientenfragebögen erste Anhaltspunkte liefern.

2.3.5 Bedeutung des Entlassungsmanagements im DRG-System

In den USA stellte sich mit Einführung der Medical-Care-DRG's die Übergangsproblematik zwischen den einzelnen Sektoren des Gesundheitswesens als bedeutend dar. Diese Entwicklung setzt in Deutschland viele Jahre später ein. „In gewisser Weise stehen wir also heute – wenn auch unter ansonsten ganz anderen Rahmenbedingungen – am Beginn einer Entwicklungsphase, die in den Vereinigten Staaten bereits vor über 20

Jahren einsetzte."(Wingenfeld 2005:26) Im Jahr 2003 wird durch das GKV-Modernisierungsgesetz die Finanzierungsform der Krankenhäuser verändert. Die bis dahin gültige Finanzierung der Krankenhausleistungen über tagesgleiche Pflegesätze gemäß § 13 Bundespflegesatzverordnung (BPflV) wird durch die Einführung von Fallpauschalen abgelöst. Diese Fallpauschalen werden über die Diagnosis Related Groups abgebildet. Sie sind diagnoseorientiert und ermöglichen eine Transparenz in der Leistungserbringung und Vergleichbarkeit der einzelnen Krankenhäuser. Ziel der Einführung der DRG's ist, die Wirtschaftlichkeit von Krankenhäusern zu erhöhen was mit der Tendenz zur Verkürzung der Verweildauer verbunden ist. „Durch die Einführung der DRG-basierten Krankenhausfinanzierung wird es zu einer weiteren und erheblichen Reduzierung der Verweildauer kommen, mit der Folge, dass Patienten das Krankenhaus mit schwerwiegenderen gesundheitlichen Problem- und Bedarfslagen verlassen als in früheren Jahren." (Wingenfeld 2005:7).

Durch die demographische Entwicklung der Gesellschaft werden auch in einem Krankenhaus immer mehr ältere, multimorbide Patienten versorgt. Die Gefahr von Komplikationen im Krankheitsverlauf durch Alter oder Begleiterkrankungen ist hoch. Das Risiko von Komplikationen, die zu einer verlängerten Verweildauer und zu einer Kostenerhöhung führen, liegt alleine beim Krankenhaus. „Die Einführung von DRG-Fallpauschalen bedarf von Beginn an einer konsequenten Qualitätssicherung." (QM-aktuell Mai 2002:6) Nur das durch Verfahrensanweisungen und Regelungen organisierte Zusammenspiel der am Behandlungsprozess beteiligten Akteure garantiert eine gute Versorgungsqualität. Zu einem qualitativ guten Versorgungsmanagement gehört auch die Organisation der Entlassung des Patienten. Das Kostendeckungsprinzip gilt unter DRG-Bedingungen nicht. Bei Überschreitung der oberen Grenzverweildauer aus Gründen der schlechten Organisation des Entlassungsmanagement, trägt das Krankenhaus die anfallenden Kosten. Es ist notwendig die Behandlung zu standardisieren. Dadurch können bei geplanten Operationen oder diagnostischen Maßnahmen schon vor der Aufnahme des Patienten die notwendigen Untersuchungen geplant werden und unnötige Wartezeiten damit vermieden werden. Ein Instrument, bestimmte Prozessabläufe zu standardisieren sind klinische Behandlungspfade.

Behandlungspfade ermöglichen einen gezielten Einsatz vorhandener Ressourcen (z.B. Personal, Zeit, Material usw.) und ermöglichen eine effiziente Planung der Entlassung, da der Entlassungstermin festgelegt ist. Sie garantieren Leistungen, die nach dem neuesten Stand der medizinischen Entwicklung wirksam sind und vermeiden unnütze und unwirksame Leistungen. Die interdisziplinäre Zusammenarbeit ist auf den Prozess und dessen erwünschtes Ergebnis abgestimmt. Entlassungsmanagement ist eine Maßnahme zur Qualitätssicherung und zur Wirtschaftlichkeit eines Klinikunternehmens. Ein Indikator für ein ineffizientes Entlassungsmanagement ist der sogenannte „Drehtüreffekt", also eine Wiederaufnahme eines Patienten innerhalb kürzester Zeit nach der Entlassung.

Die notwendige Wiederaufnahme eines Patienten hat neben den gesamtgesellschaftlichen Auswirkungen auch ähnliche Konsequenzen für das Krankenhaus. In der „Vereinbarung zum Fallpauschalensystem für Krankenhäuser für das Jahr 2009" zwischen dem Spitzenverband der GKV, dem Verband der Privaten Krankenversicherung und der DKG sind im § 2 die Bedingungen bei einer Wiederaufnahme in dasselbe Krankenhaus geregelt.

Im § 2 Abs. 1 heißt es: „ Das Krankenhaus hat eine Zusammenfassung der Falldaten zu einem Fall und eine Neueinstufung in eine Fallpauschale vorzunehmen, wenn

1. ein Patient oder eine Patientin innerhalb der oberen Grenzverweildauer, bemessen nach der Zahl der Kalendertage ab dem Aufnahmedatum des ersten unter diese Vorschrift zur Zusammenfassung fallenden Krankenhausaufenthalts, wieder aufgenommen wird und

2. für die Wiederaufnahme eine Einstufung in dieselbe Basis-DRG vorgenommen wird."

Ein weiterer Grund für die Zusammenführung eines Falles wird im § 2 Abs. 2 benannt: „ Eine Zusammenfassung der Falldaten zu einem Fall und eine Neueinstufung in eine Fallpauschale ist auch dann vorzunehmen, wenn

1. ein Patient oder eine Patientin innerhalb von 30 Kalendertagen ab dem Aufnahmedatum des ersten unter diese Vorschrift zur Zusammenfassung fallenden Krankenhausaufenthalts wieder aufgenommen wird und

2. innerhalb der gleichen Hauptdiagnosegruppe (MDC) die zuvor abrechenbare Fallpauschale in die „medizinische Partition" oder die „ande-

re Partition" und die anschließende Fallpauschale in die „operative Partition" einzugruppieren ist."

Ein dritter Grund für eine Fallzusammenführung ergibt sich aus § 2 Abs. 3: „Werden Patienten oder Patientinnen, für die eine Fallpauschale abrechenbar ist, wegen einer in den Verantwortungsbereich des Krankenhauses fallenden Komplikation im Zusammenhang mit der durchgeführten Leistung innerhalb der oberen Grenzverweildauer, bemessen nach der Zahl der Kalendertage ab dem Aufnahmedatum des ersten unter diese Vorschrift zur Zusammenfassung fallenden Aufenthalts, wieder aufgenommen, hat das Krankenhaus eine Zusammenfassung der Falldaten zu einem Fall und eine Neueinstufung in eine Fallpauschale vorzunehmen....."

Zur Ermittlung der Verweildauer bei einer Fallzusammenführung werden die Belegungstage beider Aufenthalte summiert.

Dies bringt in den meisten Fällen ein Überschreiten der oberen Grenzverweildauer und somit erhöhte Kosten für das Krankenhaus. Ein effizientes Entlassungsmanagement, welches die weitere häusliche Versorgung durch einen ambulanten Pflegedienst sichert und notwendige Informationen weiterleitet, kann diese Situation verhindern helfen. Das veränderte Finanzierungssystem und die damit verbundene kürzere Verweildauer verändert auch die Patientenstruktur in Rehabilitationseinrichtungen mit Versorgungsverträgen nach § 111 SGB V.

3 Konzepte des Entlassungsmanagements in deutschen Krankenhäusern und Rehaeinrichtungen

In der deutschsprachigen Literatur gibt es die unterschiedlichsten Begriffe für das nach §11 Abs. 4 gesetzlich verankerte Versorgungsmanagement. In der Umsetzung der gesetzlichen Forderung sind unterschiedliche Ansätze zu beobachten. Es wird zwischen dem direkten, dem indirekten und dem externen Ansatz unterschieden. Die Frage nach dem effektivsten Ansatz sowohl auf der Fall- als auch auf der Systemebene ist nicht eindeutig zu beantworten, da es dazu bisher keine empirischen Daten gibt. Die Wahl des Ansatzes ist von der Aufbau- und Ablaufstruktur der stationären Gesundheitseinrichtung abhängig. Bestimmende Kriterien sind die Anzahl der Fachbereiche, die Größe der Einrichtung und der Umfang des zu erwartenden Versorgungsbedarfs. Der Expertenstandard gibt ausdrücklich keine Empfehlung, welcher Ansatz des Entlassungsmanagements favorisiert werden sollte.

3.1 Indirektes Entlassungsmanagement

Bei dieser Form des Entlassungsmanagements werden alle erforderlichen Aktivitäten durch eine Instanz koordiniert. Folgende Möglichkeiten der Umsetzung sind denkbar:

- Etablierung von Case Managern, die entweder an ein Krankenhaus oder die Hausarztpraxis angegliedert sein können oder Mitarbeiter einer Krankenkasse sind.
- Ergänzend zu den Leistungen des Sozialdienstes können zusätzlich als Stabsstelle der Pflegedirektion oder der Betriebsleitung eingestellte Pflegekräfte mit der Überleitung betraut werden.
- Überleitung durch ein multiprofessionelles Team . (vgl. Dörpinghaus et al. 2004:49)

Dieses Konzept schafft Ressourcen im ärztlichen und pflegerischen Bereich durch die Entlastung von administrativen Aufgaben. Es benötigt eine große Akzeptanz innerhalb der unterschiedlichen Berufsgruppen. Es erfordert die Unterstützung der Führungsebene und das Loslassen von traditionellen Gewohnheiten und Ritualen. „Die Entscheider müssen sich darüber im klaren sein, dass sie durch die Einführung des Case Managements mit tradierten Tabus brechen – sowohl was die Strukturen der Organisation als auch die Selbstverständnisse der Berufsgruppen betrifft." (Bostelaar 2008b:901). Besondere Fachkräfte für das Entlassungsmanagement, die fachabteilungsübergreifend arbeiten, gibt es am häufigsten in Krankenhäusern mit mehr als 600 Betten (vgl. DKI 2007:72).

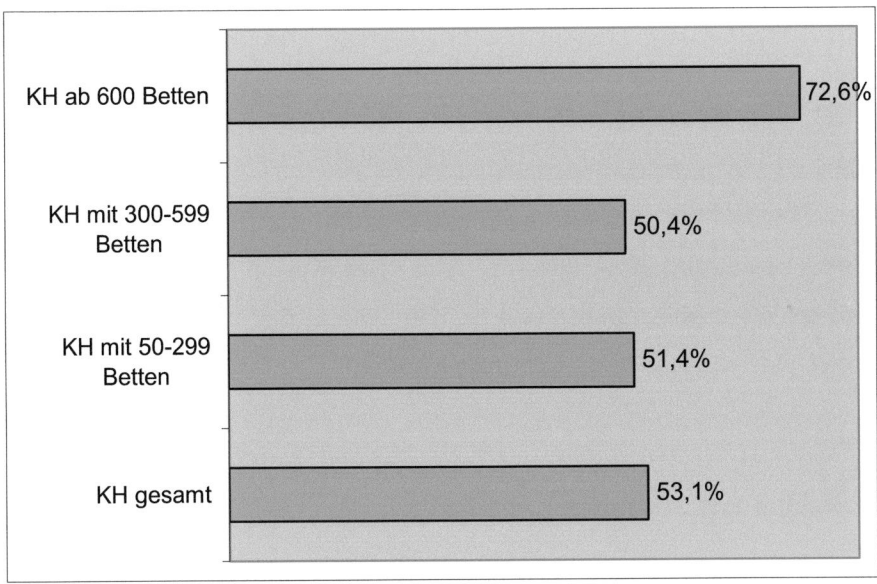

KH ab 600 Betten — 72,6%

KH mit 300-599 Betten — 50,4%

KH mit 50-299 Betten — 51,4%

KH gesamt — 53,1%

Abb. 3: Vorhalten spezieller Fachkräfte für das Entlassungsmanagement
Quelle: DKI Krankenhausbarometer 2007

Die Case Manager übernehmen bei diesem Konzept die Prozeßsteuerung, also einen Bereich, der zum ärztlichen Aufgabenbereich gehörte. Dies ist ein Novum im Bereich eines Krankenhauses und stößt nicht nur auf Zustimmung. Wie jeder Veränderungsprozess innerhalb der Organisationsentwicklung ist auch bei der Einführung von Case Management mit Widerstand zu rechnen. Darauf muss das Klinikmanagement vorbereitet sein und sich im Vorfeld der Einführung mit den Auswirkungen beschäftigen.

Dörpinghaus et al. weisen auf Probleme in der Umsetzung des Expertenstandards „Entlassungsmanagement" aufgrund eines nicht ausreichenden Qualifikationsniveaus der Mitarbeiter hin (vgl. Dörpinghaus et al 2004:39). Bei diesem Modell des Entlassungsmanagements konzentrieren sich notwendige Qualifikationsmaßnahmen auf wenige Mitarbeiter. Personelle Ressourcen sind dadurch geringer als bei anderen Ansätzen. Dies trägt zur Senkung der Prozesskosten bei.

Ein weiterer Vorteil ist, dass es für externe Kooperationspartner einen konkret benannten Ansprechpartner gibt, der auch Ansprechpartner für alle Patienten und Angehörigen ist. Es ist bei diesem Ansatz einfacher, den Überblick über die differenten Vorgehensweisen der Kostenträger zu behalten. Die Case Manager stehen in ständigem persönlichen Kontakt mit den Kostenträgern und wissen, welche Krankenkasse vertragliche

Vereinbarungen mit Leistungserbringern für bestimmte Hilfsmittelbereiche hat und welche Krankenkasse keine bestimmten Vertragspartner hat. Somit ist eine Beratung der Patienten und Angehörigen differenzierter möglich.

Bei den Pflegekräften auf den Stationen werden Zeitreserven frei, die für die direkte Betreuung des Patienten eingesetzt werden können.

Nachteil ist, dass eine zusätzliche Schnittstelle in der Institution Krankenhaus bzw. Rehabilitationseinrichtung entsteht.

3.2 Direktes Entlassungsmanagement

Direktes Entlassungsmanagement ist ein Konzept, bei dem die Teilaufgaben des Entlassungsmanagements direkt in das Handeln in den Arbeitsbereich des Sozialdienstes und der Pflegekraft, die den Patienten betreut, integriert wird.

Pflegerelevante Informationen werden durch diese Pflegekraft direkt an den Sozialdienst weitergeleitet. Dadurch werden zusätzliche Schnittstellen innerhalb der Einrichtung vermieden. Dieses Konzept setzt einen intensiven Beziehungsprozeß zwischen Pflegekraft und Patient bzw. Angehörigen voraus. Es ist nicht ausreichend, dass die Pflegekraft den Pflegebedarf des Patienten kennt, sie muß auch über den sozialen Status und die häuslichen Voraussetzungen informiert sein. Ein geeignetes Pflegesystem scheint hier das Bezugspflegesystem bzw. Primary Nursing zu sein. Dieses System ist in Deutschland, gerade auf dem Sektor der Akuthäuser, noch nicht ausreichend verbreitet. „Die dabei zu Grunde liegende Idee scheint auf den ersten Blick Vorteile zu bieten: Indem Überleitungsfunktionen als Aufgabe jener Pflegekräfte definiert werden, die den Patienten während des Krankenhausaufenthaltes ohnehin versorgen, lassen sich möglicherweise Kommunikationswege verkürzen. Außerdem sind die Bezugspflegenden in der Regel gut mit den Problemlagen des Patienten vertraut, sie stehen auch im engen Kontakt mit den behandelnden Ärzten als zentrale Koordinierungsinstanzen."(Wingenfeld, K. ,2007:7).

Allerdings gibt es auch Schwierigkeiten bei der Einführung dieses Modells. Die Kenntnisse der Pflegemitarbeiter auf dem Gebiet des Sozialrechts sind für eine beratende Tätigkeit über Ansprüche nach Sozialgesetzbuch nicht ausreichend.

Es bleibt fraglich, ob die zeitlichen Ressourcen dieser Pflegekräfte die Umsetzung eines Entlassungsmanagements zulassen. Reduzierte Bettenzahlen, steigende Fallzahlen bei Personaleinsparung im Pflegebereich führen zu einer Arbeitsverdichtung. Es ist zu befürchten, dass Aufgaben im Rahmen des Entlassungsmanagements nur ungenügend Beachtung finden. Der akute Pflegebedarf des Patienten wird vorrangig gesehen. Somit wird sich das Entlassungsmanagement auf die Erstellung des Überleitungsbogens beschränken. Es erweist sich als sehr schwierig, die sehr dynamischen Veränderungen bei der Heil- und Hilfsmittelversorgung einer großen Zahl von Mitarbeitern vermitteln zu können. Eine Umsetzung des Expertenstandards ist bei diesem Modell nur schwer kontrollierbar. In der Praxis zeigen sich große Probleme bei der Klärung der Kostenübernahme, da dieser Prozess sehr zeitaufwendig ist und eine Menge Geduld braucht. Auch die Evaluation des Entlassungsmanagements findet meist nicht statt. Mangelnde Statistik lässt eine Verbesserung dieses Prozesses im Sinne des Qualitätsmanagements kaum zu. Dieses Modell ist in Bereichen mit begrenztem Pflegebedarf und einer übersichtlichen Heil- und Hilfsmittelversorgung gut umzusetzen. Jedoch in sehr speziellen Bereichen mit schwer- und schwerstkranken Patienten wie z.B. Neurologie oder Palliativmedizin mit einem umfangreichen Pflegebedarf, verbunden mit Schulungsbedarf der pflegenden Angehörigen und einem umfangreichen Heil- und Hilfsmittelbedarf nicht zu empfehlen. Dort bieten sich multidisziplinär organisierte Modelle an.

Auf wissenschaftlicher Ebene gibt es wenige Evaluationen zu diesem Konzept. Hier hat die Pflegekraft eine Koordinationsverantwortung in einer berufsgruppenübergreifenden Zusammenarbeit und nimmt nur einzelne Elemente des Entlassungsmanagements wahr (vgl. Wingenfeld 2005: 30).

3.3 Externes Entlassungsmanagement

Einige Einrichtungen nutzen ein externes Entlassungsmanagement. Diese Dienstleistung wird von ambulanten Pflegediensten, Home Care Unternehmen oder Sanitätshäusern erbracht. Die Dienstleistung des Entlassungsmanagements werden für Krankenhäuser und Rehaeinrichtungen meist unentgeltlich erbracht. Die Finanzierung der Dienstleistung erfolgt über die Vermittlung von Kunden, die die Leistungen der ambulanten Pflegedienste, Home Care Unternehmen oder Sanitätshäuser in Anspruch nehmen. Es entsteht eine gewisse Abhängigkeit des Krankenhauses bzw. der Rehabilitationseinrichtung zu diesen Unternehmen.

Der Umfang der für die Krankenhäuser und Rehabilitationseinrichtungen unentgeltlich erbrachten Dienstleistung ist abhängig vom Volumen der vermittelten Aufträge. Dem entgegen stehen das Wahlrecht des Patienten gemäß § 33 Abs. 6 SGB V, welches durch den § 127 SGB V eingeschränkt ist.

Vorteil eines externen Entlassungsmanagements ist, dass seitens des Krankenhauses keine finanziellen und personellen Ressourcen benötigt werden. Durch Kooperationsverträge zwischen den ambulanten Pflegediensten, Home Care Unternehmen und Sanitätshäusern auf der einen und Krankenhäuser und Rehabilitationseinrichtungen auf der anderen Seite sind Vereinbarungen zur Qualität der erbrachten Leistung möglich. Dies ermöglicht eine Kontinuität im Versorgungsprozess.

Nachteilig an diesem Ansatz ist die ungeklärte Frage, wer die Koordinierung des Entlassungsmanagements bei den Patienten übernimmt, die einen anderen Leistungsanbieter als den Kooperationspartner des Krankenhauses bzw. der Rehabilitationseinrichtung gewählt haben oder in den Fällen, in denen die Sozialleistungsträger einen anderen Vertragspartner gemäß § 127 SGB V benennen.

3.4 Entlassungsmanagement - ein multiprofessioneller Prozess

Während des Aufenthaltes des Patienten in einem Krankenhaus oder einer Rehaeinrichtung sind viele Berufsgruppen an dem Versorgungsprozess beteiligt. Neben dem medizinischen und pflegerischen Bereich sind dies z. B. Physiotherapeuten, Ergotherapeuten, Sozialdienst, Neuropsychologen u.a. Schon während des Aufenthaltes im Krankenhaus oder der Rehaeinrichtung werden nachversorgende Einrichtungen einbezogen. Für die Versorgung von Hilfsmitteln z.B. Sanitätshäuser oder Home-Care Unternehmen, Hausärzte, ambulante Pflegedienste, stationäre Pflegeeinrichtungen und auch Kranken- und Pflegeversicherungen. Für eine effektive und bedarfsgerechte Versorgung des Patienten nach dem stationären Aufenthalt ist ein ständiger Informationsaustausch zwischen den Teilnehmern des Netzwerkes unerlässlich. Dies kann auf unterschiedlichste Weise stattfinden. In Krankenhäusern besteht häufig eine Arbeitsteilung zwischen dem Krankenhaus-Sozialdienst und der Pflegeüberleitung. Während sich der Sozialdienst um die weitere Versorgung des Patienten in rehabilitativen Einrichtungen oder in stationären Pflegeeinrichtungen bemüht, organisiert die Pflegeüberleitung die häusliche Versorgung unter Inanspruchnahme der Leistungen durch pflegende Angehörige und/oder ambulante Pflegedienste. Unter Beachtung dieser arbeitsteiligen Prozesse sind die durch eine Studie, die in Zusammenarbeit von der Arbeitsgemeinschaft Pflegeüberleitung und dem Bielefelder Institut für Pflegewissenschaft an 13 Krankenhäuser in Nordrhein-Westfalen durchgeführt wurde, erarbeiteten Ergebnisse zu bewerten. 27,9 % der von der Pflegeüberleitung betreuten Patienten waren Patienten aus der Krankheitsgruppe der Neubildungen. Eine weitere hohe Zahl der Patienten hatten Herz-Kreislauferkrankungen, dicht gefolgt von der Gruppe der Patienten mit Schlaganfällen.

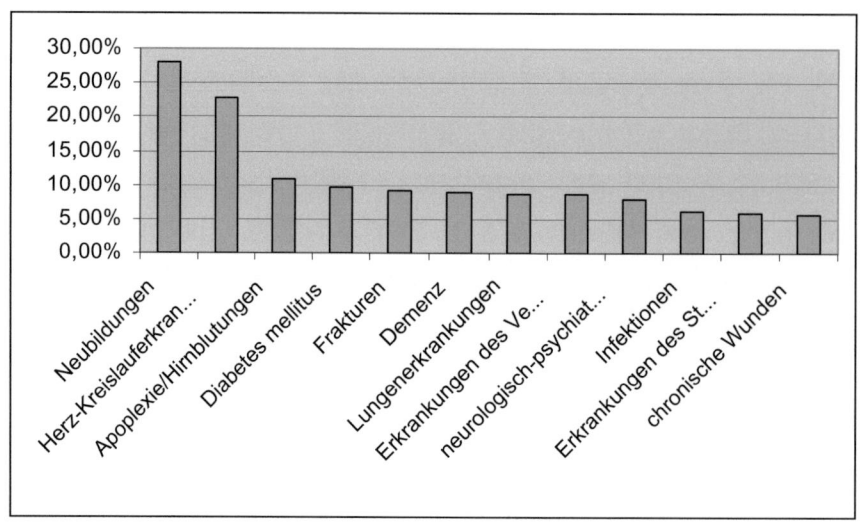

Abb. 4 Krankheitsgruppen, die zu einer Pflegeüberleitung führten

Die Mehrzahl der Patienten, die einer Überleitung bedurften, gehörten der Altersgruppe über 75 Jahre an.

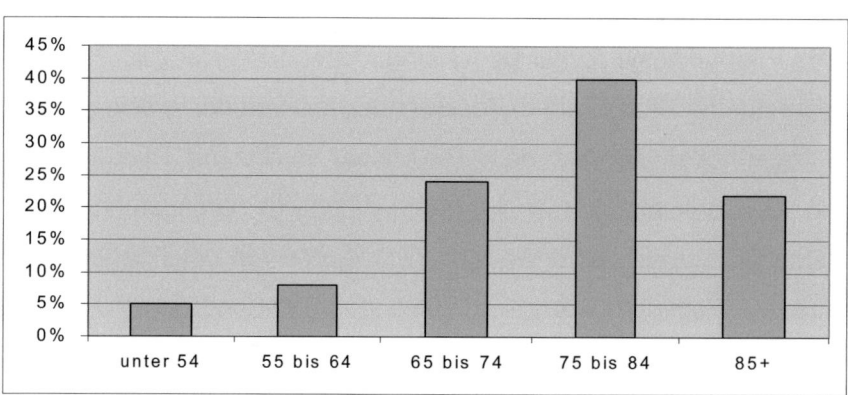

Abb. 5: Altersverteilung bei Patienten, die einer Überleitung bedurften

Die meisten der Patienten benötigten vor dem Krankenhausaufenthalt keine Unterstützung von Pflegediensten oder Angehörigen (Tab.2).

Tabelle 2: Unterstützung zu Hause lebender Patienten vor der Krankenhausaufnahme (n=473)

	Anzahl	Prozent
Ohne Unterstützung	219	46,3
Pflege durch Angehörige	197	41,6
Unterstützung durch Angehörige und amb. Pflege	39	8,2
Unterstützung durch ambulante Pflege allein	18	3,8

Quelle: Wingenfeld et al.., 2007

Der häufigste Grund für die benötigte Hilfe, waren Mobilitätsbeeinträchtigungen. (sieheTab.3) (vgl. Wingenfeld, K., 2007, S.14-17).

Tabelle 3: Gesundheitlicher Status bei Entlassung (n = 499)

	Anzahl	Prozent
Mobilitätseinschränkungen	359	71,9
Kognitive Einbußen	150	30,1
Harninkontinenz	161	32,3
Stuhlinkontinenz	98	19,6
Infauste Prognose	67	13,4
Dekubitus	24	4,8

Quelle: Wingenfeld et al. 2007

Eine Umfrage bei Patienten ergab, dass Patienten einen großen Wert auf die Aufklärung über die weitere Versorgung legen. Dabei erwarten sie eine klar benannte Zuständigkeit. In der Bielefelder Studie wurde deutlich, dass dieses erste Aufklärungsgespräch in 59 % der Fälle durch die Pflegeüberleitung durchgeführt wurde. 80 % der befragten Patienten gaben an, dass für sie eindeutig klar war, wer sie in Fragen der nachstationären Versorgung beraten soll. Die Patienten erwarten auch, frühzeitig über die bevorstehende Entlassung informiert zu werden.

Tabelle 4 gibt Auskunft darüber, wann die Information zur Entlassung erfolgte.

Tabelle 4: Information über den Zeitpunkt der Entlassung (n=294)

	Anzahl	Prozent
Am Tag der Entlassung	10	3,4
Am Tag vor der Entlassung	59	20,1
Ungefähr 2-4 Tage vor der Entlassung	179	60,9
Früher	40	13,6
Keine Erinnerung oder keine Angabe	6	2,1

Quelle: Wingenfeld, K., 2007

3.4.1 Rolle des Sozialdienstes

Im institutionellen Rahmen des Krankenhauses bzw. Rehabilitationsein-richtung stellt der Sozialdienst eine Säule des Versorgungsmanagements nach § 11 Abs. 4 des SGB V dar. Der Aufgabenbereich des Sozialdiens-tes ist in vielen Landeskrankenhausgesetzen verankert.

Im Hessischen Landeskrankenhausgesetz heißt es im § 6 Abs. 1:

„Als Ergänzung zu der ärztlichen und pflegerischen Versorgung hält das Krankenhaus einen Sozialdienst vor. Er hat insbesondere die Patientin oder den Patienten in sozialen Fragen zu betreuen, zu beraten, geeignete Hilfen zu vermitteln und bei der Einleitung von Rehabilitationsmaßnahmen zu unterstützen." (Online: http://www.hessenrecht.hessen.de)

Im Landeskrankenhausgesetz von Rheinland-Pfalz lautet die entspre-chende Regelung im § 26 Abs. 2: „Der Sozialdienst hat die Aufgabe, die ärztliche und pflegerische Versorgung im Krankenhaus auf Wunsch des Patienten zu ergänzen. Zu seinen Aufgaben gehört es insbesondere, den Patienten und seine Bezugspersonen in sozialen Fragen zu beraten und ihnen fachliche Hilfe zu geben; hierzu gehört auch die Vermittlung vom Maßnahmen der medizinischen, beruflichen und sozialen Eingliederung behinderter Menschen sowie von anderen geeigneten Hilfen des Sozial- und Gesundheitswesens. Der Sozialdienst soll mit anderen sozialen Diensten und Einrichtungen zusammenarbeiten." (Online: http://www.rechtliches.de/RLP/info_LKG.html)

Der Krankenhaus-Sozialdienst hat eine ergänzende Rolle zu den ärztli-chen und pflegerischen Kernaufgaben eines Krankenhauses.

Es geht also im Wesentlichen um Vermittlungs- und Beratungstätigkeiten, die im Zusammenhang mit der Entlassung eines Patienten stehen.

Die konkreten Aufgaben des Sozialdienstes sollte jede Gesundheitseinrichtung adaptiert auf die aktuellen Strukturen festlegen.

In den meisten Konzepten übernimmt der Sozialdienst innerhalb des Entlassungsmanagements die :

- Sicherung der Finanzmittel bei der Inanspruchnahme von Leistungen des Gesundheits- und Sozialwesens
- Beschaffung von stationären Pflegeeinrichtungsplätzen
- Regelung von Maßnahmen zur Rehabilitation oder AHB (vgl. Dörpinghaus et al. 2004:33)

Diese Aufgabe deckt sich nicht mit dem beruflichen Selbstverständnis der Sozialarbeiter und Sozialpädagogen, welches sich in anderen gesellschaftlichen Bereichen und Problemstellungen entwickelt hat.

Der Krankenhausbereich ist nicht der originäre Wirkungsbereich dieser Berufsgruppe. Berufliche Orientierungen (psychosoziale Beratung und Therapie zur Krisenbewältigung), Zielsetzungen und Methoden können nicht ohne Probleme in den Gesundheitsbereich übernommen werden. Strukturelle Rahmenbedingungen und Interessen anderer Akteure im gesundheitlichen Bereich beeinflussen die Aufgabenstellung der Sozialarbeit im Krankenhaus. Nach einer empirischen Untersuchung von Hüpper/Slesina im Jahre 2001 werden Fragen zu Umgang mit der Krankheit und Krankheitsbewältigung eher anderen Berufsgruppen zugeschrieben (vgl. Wingenfeld , 2005:70ff.). Begrenzte personelle und zeitliche Ressourcen ließen in der Vergangenheit diese originären sozialarbeiterischen Tätigkeit in den Hintergrund geraten. Indessen schritt die Professionalisierung in anderen Berufsgruppen weiter fort. In der Folge veränderte sich der Tätigkeitsbereich der Ärzte und Pflegekräfte. Diese Berufsgruppen konzentrieren sich in ihrer Arbeit nicht ausschließlich auf biomedizinische sondern zunehmend auf psychosoziale Faktoren von Gesundheit. „In dem Maße, in dem Pflege und Medizin die beklagte einseitig naturwissenschaftliche Orientierung überwinden, den Patienten im Kontext seiner sozialen Lebensbezüge sehen und sich seiner psychosozialen Bedürfnisse und Probleme annehmen, löst sich die Legitimationsgrundlage einer als Spezialaufgabe konzipierten, den Sozialdiensten vorbehaltene Hilfe zur

psychosozialen Problemlösung und anwaltschaftlichen Unterstützung auf."
(Wingenfeld, 2005 :69)

Die unzureichende Präsenz des Sozialdienstes auf den Stationen führt zu einer Selektion der Patienten durch andere Berufsgruppen. Meist werden die Kontakte zum Patienten nicht durch den Sozialdienst selbst herge-stellt. Sie agieren nur auf Anfrage. Dies führt dazu, dass nicht alle Patien-ten, die einen Unterstützungsbedarf durch den Sozialdienst haben, diesen auch erhalten.

Seit den 80er Jahren gibt es Konzepte, die dieser Entwicklung entgegen-wirken.

Sozialvisiten oder Teamkonferenzen bilden ein Forum in dem alle am Behandlungsprozess beteiligten Berufsgruppen gegenseitig Informationen austauschen und den Behandlungsprozesses des Patienten koordinieren.

Die koordinierende Rolle im Entlassungsmanagement nehmen nicht zwangsläufig Sozialarbeiter ein.

Im Krankenhausbarometer 2007 des DKI wird erfragt, welcher Berufs-gruppe die für das Entlassungsmanagement eingesetzten Fachkräfte angehören. In ca. 50% der Fälle gehörten sie der Berufsgruppe der Sozi-alarbeiter an, wobei hier nicht nach dem tatsächlichen Aufgabenbereich gefragt wurde. Es ist nicht nachvollziehbar, ob es sich hier um ein weitrei-chendes Case Management oder um eine traditionelle Vermittlungstätig-keit für die Weiterbehandlung handelt. (vgl. DKI 2007:73).

3.4.2 Rolle des Pflegedienstes

Ein klassisches Entlassungsmanagement, wie man es aus der Vergan-genheit kennt, ist unter der Entwicklung der Patientenstruktur nicht mehr ausreichend, weil das Versorgungsmanagement alter, multimorbider Menschen zunehmend pflegerische Aspekte beinhaltet.

Eine Information und Aufklärung über Ansprüche aus der Sozialgesetzge-bung sind nicht alleiniger Inhalt der Erwartungen der Patienten. Die Zu-nahme der Zahl alter, multimorbider Menschen erfordert auch immer mehr Schulung und Beratung in pflegerischen Tätigkeiten. Dies übersteigt den Kompetenzbereich der Sozialdienste und erfordert pflegerisches Ver-ständnis. Tabelle 5 zeigt die Inhalte von Beratungsgesprächen.

Tabelle 5: Inhalte von Beratungsgesprächen (Mehrfachnennungen, n=294)

	Anzahl	Prozent
Pflegerische Versorgung nach der Entlassung	257	87,4
Nutzung der Leistungen von Pflegeversicherung	194	66,0
Familiäre Situation	189	64,3
Ärztliche Versorgung nach der Entlassung	157	53,4
Mahlzeitenbringdienste, Hausnotruf etc.	122	41,5
Wohnraumanpassung	80	27,2
Umgang mit gesundheitlichen Beeinträchtigungen	77	26,2
Keine Erinnerung	6	2,0

(Wingenfeld, K., 2007)

Eine bedeutende Rolle innerhalb des Versorgungsnetzwerkes nehmen die Angehörigen bzw. Bezugspersonen der Patienten ein. Krankheiten wie z.B. Krebserkrankungen, Schlaganfällen, Demenz u.ä. stellen nicht nur für die Betroffenen selbst sondern auch deren Angehörige und Bezugspersonen eine schwierige Situation dar. „Auch hier wird ein dringend erforderlicher Paradigmenwechsel, die Angehörigen bzw. die Bezugpersonen miteinzubeziehen, offensichtlich." (Dörpinghaus et al. 2004:18). „Unsere soziale Gesellschaft fußt auf tragfähigen Netzwerken und dem gesellschaftspolitischen Prinzip der Subsidarität, wonach die Selbsthilfe (inklusive Familie und Bezugspersonen) Vorrang vor der Fremdhilfe hat." (Dörpinghaus et al. 2004:19). Hier ist neben der sozialen auch die pflegerische Kompetenz innerhalb des Entlassungsmanagements gefragt. Die Beratung und Anleitung in pflegerischen Tätigkeiten versetzt Angehörige und Bezugspersonen in die Lage eine qualitativ gute häusliche Pflege durchführen zu können. Während dieser Anleitung muss die Pflegekraft auf Zeichen der Überforderung des pflegenden Angehörigen achten, um alternative Unterstützungsangebote zu empfehlen. 46 % der durch das DKI im Krankenhausbarometer befragten Krankenhäuser haben sich aus diesem Grund entschieden, die Stelle der Fachkraft für das Entlassungsmanagement mit einer erfahrenen und dafür qualifizierten Pflegekraft zu besetzen (vgl. DKI 2007:73).

4 Entlassungsmanagement und neue Versorgungsformen

Die Gesundheitspolitik hat mit der Gesundheitsreform im Jahr 2000 die Verbesserung der Schnittstellenproblematik an oberste Stelle gesetzt. Der § 140 a-h SGB V verdeutlicht dieses Anliegen. Die „integrierte Versorgung" hat ineinandergreifende sektorenübergreifende Versorgungsverbünde zum Ziel. „Die integrierte Versorgung ist eine durch den Bundesminister der Gesundheit gewünschte Zusammenarbeit verschiedener am Gesundheitswesen beteiligter Partner mit dem Ziel, sektorale Grenzen und Schnittstellen zu reduzieren, die Qualität für den Patienten zu erhöhen und Kosten der Behandlung zu senken."(Bundesministerium für Gesundheit und soziale Sicherung). Es handelt sich um ein Netzwerk von Krankenhäusern, Arztpraxen, ambulanten Pflegediensten, Rehabilitationseinrichtungen und anderen Leistungserbringern, ausgenommen der pharmazeutischen Industrie und der Gesundheitsberufe, die nicht der „Schulmedizin" angehören wie z.B. Heilpraktiker. Die Teilnehmer dieses Netzwerkes erhalten ein gemeinsames Budget. Die Teilnahme an der integrierten Versorgung bedarf der Zustimmung des Versicherten, da er sein uneingeschränktes Wahlrecht (ärztliche Leistungen, Hilfsmittelversorgung) zu Gunsten anderer Vorteile, wie z.B. Vermeidung von Doppeluntersuchungen und zusätzlichen finanziellen Belastungen, abtritt (vgl. Breinlinger-O'Railly et al. 2003a:6). Feste Kooperationsbeziehungen zwischen den Teilnehmern dieses Netzwerkes lassen konkrete Zuständigkeiten und standardisierte Abläufe zu. Es bestehen Übereinstimmungen in den Qualitätsstandards, die einen kontinuierlichen und lückenlosen Versorgungsprozess gewährleisten. Dies ist auch durch die gesetzlich geforderte gemeinsame Dokumentation der Leistungserbringer gewährleistet.

Im stationären Bereich existieren meist indikationsspezifische Formen der integrierten Versorgung. Sie bieten sich für Krankenhäuser an, da die Kompetenzen der verschiedenen Fachabteilungen in einem Haus genutzt werden können (vgl. Breinling-O'Reilly 2003a:24).

4.1 Indikationsspezifische Form der integrierten Versorgung

Private Klinikgruppen können durch eine einheitliche Besitzstruktur am einfachsten die integrierten Versorgungsmodelle umsetzen. In einer Klinik-gruppe finden sich die Akut- und Rehabilitationsklinik und ambulanter Bereich. Innerhalb eines integrierten Vertrages werden die Patienten in allen Sektoren kontinuierlich und koordiniert versorgt. Schnittstellenprob-leme zwischen Akutaufenthalt und Rehabilitation werden damit praktisch aufgehoben, weil der Patient nach dem Akutaufenthalt vom gleichen Per-sonal, wie z.B. Ärzte, Therapeuten, Pflegekräften betreut wird. Es entsteht kein Informationsverlust zwischen den beiden Aufenthalten. Doppelunter-suchungen werden vermieden. Das Entlassungsmanagement für den Übergang in den häuslichen Bereich kann bereits individuell in der Akut-phase beginnen. Innerhalb der Klinikgruppe stehen stationäre Pflegeein-richtungen zur Verfügung. So kann auch der Übergang in die stationäre Pflege ohne Versorgungseinbrüche und ohne Informationsverlust organi-siert werden. In allen Einrichtungen wird nach gleichen Konzepten gear-beitet, so ist die Kontinuität und der Erfolg der Behandlung gesichert.

4.2 INTEGRA-Projekt

In Magdeburg startet das St. Marien-Stift in Zusammenarbeit mit niederge-lassenen Ärzten und dem VdEK (Verband der Ersatzkrankenkassen) das Projekt INTEGRA. Neu an diesem Projekt ist, dass das Indikationsspekt-rum sehr breit ist. Über einen Fallpauschalenkatalog sind die Indikationen der integrierten Versorgung festgelegt.

Indikationen folgender Fachrichtungen sind im Fallpauschalenkatalog festgelegt:

- Chirurgie
- Neurochirurgie
- Orthopädie
- Urologie
- Gynäkologie
- Augenheilkunde

- Hals-Nasen-Ohrenheilkunde

- Innere Medizin

Für den Krankenhausaufenthalt erforderliche Voruntersuchungen werden vom niedergelassenen Arzt durchgeführt.

Auch die Nachbehandlung ist mit den niedergelassenen Ärzten abgestimmt. Dadurch konnte die durchschnittliche Verweildauer des Landes Sachsen-Anhalt (9,4 Tage) auf 3,04 Tage innerhalb des INTEGRA-Projektes gesenkt werden. Patienten empfinden diesen kurzen Krankenhausaufenthalt als sehr angenehm.

Im Jahre 2003 wurde dieses Projekt in Zusammenarbeit mit dem VdEK (Verband der Ersatzkassen) auch im Diakonissenkrankenhaus Dessau und Halle eingeführt. (vgl. Breinlinger-O'Reilly et al. 2003b:10-12).

Medizinische Versorgungszentren sind eine Möglichkeit den ambulanten mit dem stationären Bereich zu vernetzen, indem Krankenhäusern der Zugang zur ambulanten Versorgung geschaffen wird. Krankenhausärzte, Therapeuten und Pflegekräfte die den Patienten während des stationären Aufenthaltes behandelt haben, werden die weitere Versorgung realisieren. Abgestimmte Behandlungskonzepte und –standards sichern den Behandlungserfolg durch Kontinuität und ohne Versorgungseinbrüche.

Im ambulanten Bereich gab es in den 20er Jahren bereits ähnliche Strukturen in Form der Ärztehäuser oder in der DDR in Form der Polikliniken und Ambulatorien. In diesen Einrichtungen begrenzte sich die integrierte Versorgung allerdings auf die enge Verzahnung von Allgemeinmedizinern und Fachärzten.

5 Expertenstandard „Entlassungsmanagement in der Pflege" des DNQP als wissenschaftliche Grundlage

Eine wissenschaftliche Grundlage für das Modell des Entlassungsmanagements stellt das Deutsche Netzwerk für Qualitätssicherung in der Pflege zur Verfügung. Es hat einen Expertenstandard zur Implementierung dieses Modells erstellt. Er benennt Ergebnisse im Entlassungsmanagement und beschreibt dafür notwendige Rahmenbedingungen auf der Struktur- und Prozeßebene. Er trifft erstmals verbindliche Aussagen zum pflegerischen Entlassungsmanagement. Der Standard definiert Merkmale, die die Qualität des Entlassungsmanagements fördern. Das Ziel des Expertenstandards kommt in der Standardaussage zum Ausdruck: „ Jeder Patient mit einem poststationären Pflege- und Unterstützungsbedarf erhält ein individuelles Entlassungsmanagement zur Sicherung einer kontinuierlichen bedarfsgerechten Versorgung." (DNQP 2004:49) Der Expertenstandard definiert Verantwortlichkeiten für die systematische Erfassung eines Versorgungsbedarfs, auf dessen Grundlage ein individueller Plan zur Entlassung erstellt wird. Dieser Plan beinhaltet u.a. eine Schulung und Beratung des Patienten und dessen Angehörigen zu Versorgungs- und Pflegeerfordernissen. Die Überprüfung der Entlassungsplanung 24 Stunden vor der Entlassung garantiert eine bedarfsgerechte Bereitstellung der Leistungen. Die Überprüfung der Umsetzung der geplanten Maßnahmen 48 Stunden nach der Entlassung soll Qualitätsmängel aufdecken und eine kontinuierliche Verbesserungen ermöglichen. Im Geltungsbereich des SGB V gibt keine gesetzliche Verpflichtung zur Umsetzung des Expertenstandards. Jedoch gilt er in der Rechtssprechung als der Stand der wissenschaftlichen Erkenntnisse und der fachlich gebotenen Qualität gemäß § 135a SGB V. In seiner Struktur ähnelt er dem Pflegeprozess und enthält die Phasen Assessment, Planung, Durchführung und Evaluation.

Daher ist es für Gesundheitseinrichtungen empfehlenswert, diese Standards an die Erfordernisse der Einrichtung anzupassen und zu implementieren.

5.1 Die Standardkriterien des Expertenstandards im Kontext des Qualitätsmanagements

Die sechs Standardkriterien des Expertenstandards sind entsprechend der Dimensionen des Qualitätsmanagements aufgebaut.

Jedes Standardkriterium ist in die Struktur-, Prozeß- und Ergebnisebene unterteilt.

Die Kriterien sind:

1. Die systematische Einschätzung des erwartbaren Unterstützungsbedarfs
2. Vorliegen einer individuellen Entlassungsplanung
3. Beratung und Schulung der Patienten und Angehörigen
4. Koordination des Entlassungstermins und Abstimmung des Bedarfs mit Patienten und Angehörigen
5. Überprüfung der Entlassungsplanung 24 Stunden vor der Entlassung
6. Qualitätskontrolle durch Kontaktaufnahme mit Patienten und Angehörigen 48 Stunden nach Entlassung

5.1.1 Standardkriterium 1

<u>Strukturebene</u>

Die Einrichtungen stellen eine schriftliche Verfahrensregelung für ein multidisziplinäres Entlassungsmanagement zur Verfügung. Solche Verfahrensregelungen findet man innerhalb eines Qualitätsmanagements auch für andere Prozesse im Krankenhaus. Ein Dokumentationssystem, dass allen Beteiligten zugänglich ist garantiert, dass jeder am Behandlungsprozess beteiligte Mitarbeiter nachvollziehen kann, welche Daten und Informationen bereits erhoben sind. Die Verfahrensanweisung regelt den Ablauf und die Zuständigkeiten innerhalb des Prozesses. Eine elektronische Patientenakte ist ein hilfreiches Instrument, da zeitgleich und zeitnah Informationen zur Verfügung gestellt werden können. In der Verfahrensanweisung werden auch die anzuwendenden Assessment- und Evaluationsverfahren benannt.

<u>Prozessebene</u>

Mit diesem benannten Assessmentverfahren erhebt die Pflegekraft den Versorgungsbedarf des Patienten. Dabei unterscheidet man zwischen dem Initialassessment und dem differenzierten Assessment . Das Initialassessment wird sofort nach Aufnahme, spätestens jedoch 24 Stunden nach Aufnahme eines Patienten erhoben und dient der Identifizierung der Patienten, die einen nachstationären Unterstützungsbedarf haben. Während des Krankenhaus- oder Rehabilitationsaufenthaltes kommt es zu einer Veränderung des Unterstützungsbedarfs. Dieser individuelle Bedarf ist im differenzierten Assessment aktualisiert. Alle Assessmentinstrumente sind auf spezifische Patientengruppen zugeschnitten. Die Einrichtung legt Einschätzungskriterien für bestimmte Patientengruppen oder Fachrichtungen fest. Der Expertenstandard gibt keine Empfehlung, welches Assessmentinstrument genutzt werden sollte (vgl. DNQP 2004:50). „Die Evaluation der Instrumente ist eher schwach entwickelt,..." (Wingenfeld 2005:31).

Um geeignete Instrumente anwenden zu können erfordert das einen erhöhten Kompetenzzuwachs bei den Pflegekräften, um die Forderungen der Strukturebene 1b erfüllen zu können.

„Die Pflegekraft beherrscht die Auswahl und Anwendung von Instrumenten zur Einschätzung des erwartbaren Versorgungs- und Unterstützungsbedarfs nach der Entlassung."(DNQP 2004:51). Auf Grund der unzureichenden wissenschaftlichen Basis bietet sich die Auswahl des Instrumentes innerhalb eines Projektes und eine konkrete Vorgabe eines Instrumentes für das initiale und das individuelle Assessment, an. Dieses dann sicher anzuwenden kann den Mitarbeitern durch Schulungen ermöglicht werden. Bei Veränderung des Krankheitszustandes wird das individuelle Assessment aktualisiert.

Ergebnisebene

Im Ergebnis des Standardkriteriums 1 ist der erwartbare Versorgungsbedarf des Patienten ermittelt und die Ergebnisse der Erst- und Folgeeinschätzungen dokumentiert. So werden Überschneidungen, Dopplungen und Unterlassungen vermieden.

Innerhalb von 24 Stunden nach Aufnahme des Patienten hat die Pflegekraft auf der Basis der strukturellen Gegebenheiten mit dem Patienten und dessen Angehörigen den erwartbaren poststationären Unterstützungsbedarf systematisch und kriteriengeleitet erhoben und dokumentiert.

5.1.2 Standardkriterium 2

Strukturebene

Die Pflegekraft benötigt differenzierte Kenntnisse zu Versorgungsangeboten in der Region. Sie kann Empfehlungen zu Leistungserbringern wie z. B. ambulanten Pflegediensten, stationären Pflegeeinrichtungen, Sanitätshäusern u.ä. geben.

Prozessebene

Vorraussetzung für ein effizientes Entlassungsmanagement ist das Vorliegen einer individuellen Entlassungsplanung. Bei der individuellen Planung sind auch die sozialen und häuslichen Bedingungen zu berücksichtigen.
Die grobe Einschätzung des Initialassessments ist zur Erhebung des individuellen Bedarfs nicht ausreichend.
An dieser Stelle muss ermittelt werden, welche familiären Hilfen zur Verfügung stehen, welche Unterstützung durch andere Institutionen wie z. B. ambulante Pflegedienste benötigt werden. Es gehört in diese Phase auch die zeitliche Absprache zur Umsetzung von Umbaumaßnahmen, zur Bereitstellung benötigter Hilfsmittel und auch zur Finanzierung dieser Maßnahmen. Zu allen wichtigen Schritte und Maßnahmen werden Verantwortlichkeiten festgelegt. Es wird geplant, über welche Kompetenzen pflegende Angehörige verfügen und welche sie noch erlernen müssen, um eine häusliche Versorgung gewährleisten zu können. Gerade bei einer gravierenden Veränderung der Lebenssituation, wie z. B. nach einem Schlaganfall oder Schädelhirntrauma mit bleibender körperlicher und kognitiver Beeinträchtigung ist die Akzeptanz der Situation und damit die Bereitschaft zu einem Gespräch bezüglich der poststationären Versorgung kaum vorhanden. Am Anfang des Prozesses steht hier ein ärztliches Gespräch mit einer realistischen Prognose. Erst dann ist eine weitere Planung überhaupt möglich. Erst wenn die Akzeptanz des Hilfebedarfs vorhanden ist, kann die Pflegekraft über soziale Angebote, wie z. B. Hilfsmittel, Umbaumaßnahmen, ambulante Pflegedienste, stationäre Pflegeeinrichtungen oder Selbsthilfegruppen und deren Finanzierung informieren.

Das angestrebte Ziel für die poststationäre Versorgung ist dokumentiert und für Patienten und Angehörige, sowie für alle am Behandlungsprozess Beteiligten transparent. Patient und Angehörige sind über notwendige Maßnahmen wie z.B. die Beschaffung notwendiger Hilfsmittel und die Kontaktaufnahme zu einem ambulanten Pflegedienst informiert. Es sind Verantwortlichkeiten festgelegt.

5.1.3 Standardkriterium 3

Strukturebene

Dieses Standardkriterium fordert, dass die Pflegekraft über die Fähigkeiten verfügt, Angehörige und Patienten zum Unterstützungsbedarf zu beraten und zu schulen. Im Entlassungsmanagement handelt es sich immer um eine Fallberatung. Konkrete Erfordernisse werden analysiert und mehrere Lösungsansätze dargelegt. Die Patienten und Angehörigen werden in die Lage versetzt selbst Hilfebedarf zu erkennen und Lösungen zu finden. Schulungen dienen der Vermittlung von Wissen und technischen Fähigkeiten. Dazu stehen den Pflegekräften zahlreiche Edukationsprogramme zur Verfügung so z.B. für Patienten mit kardiovaskulären Erkrankungen, für Eltern pflegebedürftiger Kinder, Schmerzmanagement, Selbstmanagement bei Diabetes, Wundversorgung, Arzneimittelbehandlung und Demenz. (vgl. Wingenfeld 2005:31/32). Durch die Vermittlung von Wissen werden Patienten und Angehörige zu einer Verhaltensänderung befähigt sowie ihre Selbstpflege- und Selbstmanagementkompetenzen erweitert. Pflegekräfte benötigen für diesen Prozess nicht nur fachliche, sonder auch Methoden- und Sozialkompetenz.

Prozessebene

Dies beinhaltet nicht nur die Übermittlung bestimmter pflegerischer Tätigkeiten sondern auch das Erkennen von Hilfebedarf und das Finden von Lösungen in bestimmten Situationen. Querschnittgelähmte Patienten z.B.

benötigen Informationen zu den Risiken wie beispielsweise Harnwegsinfekten, Dekubitalgeschwüren, Kontrakturen u.ä. , zu deren Erkennung und Prophylaxe und an welchem Punkt fremde Hilfe notwendig wird. Die Aufgabe ist die Stärkung der Selbstpflege- und Selbstmanagementkompetenz.

<u>Ergebnisebene</u>

Im Ergebnis kennen Patienten und Angehörige Möglichkeiten zur Handhabung von krankheits- oder pflegebezogenen Problemen und können Handlungsinhalte, die ihnen vermittelt wurden direkt nach der Entlassung umsetzen. Sie verfügen über Bewältigungsstrategien bei unplanbaren Zwischenfällen und wissen wo sie Hilfe und Unterstützung erhalten können.

5.1.4 Standardkriterium 4

<u>Strukturebene</u>

Strukturelle Voraussetzungen für dieses Kriterium sind, dass die Pflegekraft die Fähigkeit und vor allen Dingen die Kompetenz erhält, die Koordination der Entlassung übernehmen zu können. Im Falle des indirekten Entlassungsmanagements übernimmt diese Aufgabe die speziell für das Entlassungsmanagement ausgebildete Fachkraft, im Falle des direkten Entlassungsmanagements wird diese Aufgabe durch die Bezugspflegekraft oder die Primary Nurse übernommen.
Die Pflegekraft steht in direktem und kontinuierlichen Kontakt zum Patienten und seinen Angehörigen. Das Pflegesystem ist entscheidend für die Gestaltung des Beziehungsprozesses zwischen Patient, Angehörigen und Pflegekraft. Dadurch wird die Pflegekraft zum Koordinator des Entlassungsmanagements autorisiert.

Prozessebene

Der Expertenstandard fordert, dass der Versorgungs- und Unterstützungsbedarf und der Entlassungstermin mit allen weiterversorgenden Berufsgruppen und Einrichtungen abgestimmt ist. Die Abstimmung erfolgt, indem mit dem ambulanten Pflegediensten besprochen wird, welche Ressourcen der Patient hat, um bestimmte Tätigkeiten selbst durchführen zu können und welche Hilfestellungen dabei nötig sind. Es wird mit den nachversorgenden Einrichtungen besprochen, welche Hilfsmittel benötigt werden und wie oft und wofür fremde Hilfe benötigt wird. Direkte Pflegeübergaben mit den nachversorgenden Einrichtungen am Patientenbett, Absprachen zum ersten Erscheinen des ambulanten Pflegedienstes, Termin der Bereitstellung der erforderlichen Hilfsmittel usw. müssen vor der Entlassung abgestimmt sein. Kontaktaufnahme mit dem Hausarzt, damit notwendige Medikamente bei Entlassung bereitstehen oder evtl. ein Hausbesuch geplant werden kann. Die nachversorgende Einrichtung erhält Informationen zum Risikoprofil des Patienten z.B. Dekubitus, Pneumonie, Sturz u.ä.. Die Umsetzung des Standards bedingt also entweder ein personenbezogenes Pflegesystem oder ein indirektes Entlassungsmanagement, damit eine klare Verantwortlichkeit für die Koordination definiert werden kann.

Ergebnisebene

Vor der Entlassung ist der Patient der nachversorgenden Einrichtung bekannt. Sie kennt den bisherigen Pflegeplan des Patienten und hat ihn bereits auf häusliche Verhältnisse adaptiert. Der erste Besuchstermin vom ambulantem Pflegedienst und Hausarzt ist besprochen. Im Vorfeld der Entlassung bekommt der Hausarzt Informationen über die aktuelle Medikation. Versorgungsdefizite und -einbrüche gibt es nicht. Der nachversorgenden Einrichtung und dem Hausarzt sind Entlassungstermin und -uhrzeit bekannt.

5.1.5 Standardkriterium 5

<u>Strukturebene</u>

Die Pflegekraft verfügt über die Fähigkeit, die Entlassungsplanung hinsichtlich der Erfordernisse des Patienten zu überprüfen. Als Instrument dienen Checklisten, die alle geplanten Maßnahmen enthalten und vor der Entlassung auf Erfüllung geprüft werden.

<u>Prozessebene</u>

24 Stunden vor Entlassung überprüft die Pflegekraft in Zusammenarbeit mit dem Patienten und seinen Angehörigen, ob alle geplanten Maßnahmen erledigt sind und ob sie den aktuellen Erfordernissen des Patienten entsprechen. Es muss ermittelt werden, wo noch Veränderungen vorgenommen werden müssen. Der Zeitraum von 24 Stunden wird sowohl in der Literatur als auch in der Konsensuskonferenz zum Expertenstandard als geeigneter Zeitraum angenommen, da er eine genügende Aktualität aber auch noch einen ausreichenden Zeitraum bietet, um Anpassungen vornehmen zu können.

<u>Ergebnisebene</u>

Die Entlassung ist bedarfsgerecht vorbereitet.

Eine Entlassung ist bedarfsgerecht vorbereitet, wenn sowohl aus der Patientenperspektive als auch aus der professionellen Perspektive alle Erfordernisse aufeinander abgestimmt sind. Inhalte einer bedarfsgerechten Entlassungsplanung sind:

- Krankheits- und pflegebezogener Versorgungs- und Unterstützungsbedarf (Wundversorgung, Medikation, Inkontinenzartikel, Ernährung und andere Hilfsmittel)
- Erfahrungswissen, Ressourcen und Selbstmanagementkompetenzen durch Schulungen und Übungen (Pflegeeinweisungen, Schulungskonzepte, Informationsblätter zur Dekubitus-, Sturz- und anderen Prophylaxen)
- Unterstützungs- und Versorgungsmöglichkeiten und deren Koordination z.B. ambulante Pflegedienste, Hausarzt, pflegende Angehörige u.ä.

- Unterstützung bei der Bewältigung der veränderten Lebenssituation durch z. B. Selbsthilfegruppen, Nachbarschaftshilfe, Entlastung pflegender Angehöriger

5.1.6 Standardkriterium 6

<u>Strukturebene</u>

Die Pflegekraft ist befähigt und autorisiert eine abschließende Evaluation des Entlassungsmanagements durchzuführen. Diese Autorisierung ist in einer Verfahrensanweisung gemäß Standardkriterium 1 festgelegt.

<u>Prozessebene</u>

Durch Befragung der Patienten, Angehörigen oder auch nachversorgende Einrichtung wird überprüft, ob der Patient den geplanten Versorgungsbedarf erhalten hat. Sind Versorgungsdefizite zu erkennen, müssen die betreuenden Institutionen (z.B. Sanitätshäuser, Home Care Unternehmen, ambulante Pflegedienste, Krankenkassen u.ä.) informiert werden.
Diese sind verpflichtet, für Abhilfe zu sorgen. Die Verantwortlichkeit für die Befragung und das erforderliche Medium (Fragebogen, telefonisches Interview o.ä.) ist durch eine schriftliche Verfahrensanweisung festzulegen. Die Evaluation ist die wichtigste Phase zur Qualitätskontrolle und – verbesserung. Hier halten die Experten einen Zeitraum von 48 Stunden für angemessen.

<u>Ergebnisebene</u>

Der Patient hat die geplanten Leistungen bedarfs- und termingerecht erhalten. Die entlassende Einrichtung hat Informationen über die Umsetzung der geplanten Maßnahmen und dabei entstandene Probleme. Es wird deutlich, an welchen Stellen Versorgungsdefizite entstehen. Gründe dafür werden analysiert und Maßnahmen zur Verbesserung eingeleitet.

5.2 Umsetzung in Krankenhäusern und Rehabilitationseinrichtungen

Der Übergang des Patienten vom stationären in den ambulanten Bereich stellt die Schnittstelle mit den größten Problemen dar. Dies ist begründet in dem sich verstärkenden Pflegebedarf durch die akute Erkrankung und in der heterogenen Struktur der Gesundheitsbereiche. Verschiedene Eigentumsverhältnisse und Finanzierungsmodelle erschweren die Kooperation dieser Gesundheitseinrichtungen. Bereits vor Veröffentlichung des Expertenstandards wird die Entlassung auf unterschiedlichste Weise in den Krankenhäusern organisiert. Zu diesem Zeitpunkt wird Entlassung häufig als ein ärztlicher Prozess gesehen, der unter Beteiligung des Krankenhaussozialdienstes realisiert wird. Pflegerische Aspekte finden kaum Berücksichtigung. Die Patientenperspektive wird nicht berücksichtigt. Patienten sind das Objekt des Entlassungsmanagements ohne aktiv daran beteiligt zu sein. Erst in den 80er Jahren befassen sich wenige Studien in Deutschland mit Versorgungskontinuität und –integration von z.B. AIDS-Patienten. Die praktische Umsetzung der Ergebnisse dieser Studien scheitert an den strukturellen Gegebenheiten (vgl. DNQP 2004, S. 12-14). Alle Konzepte verfolgen das gleiche Ziel auf eine ganze unterschiedliche Art und Weise. Dies ist abhängig von den zu versorgenden Patientengruppen und dem Grad der Komplexität des erforderlichen Versorgungskonzeptes und nicht zuletzt von der Finanzierung. In den meisten Fällen erfolgte die Finanzierung der Pflegeüberleitung als Modellfinanzierung oder mit Hilfe von Drittmitteln. Nach der Modellphase stellt sich die Finanzierung sehr heterogen dar. Meist liegt sie entweder beim Träger der Einrichtung oder bei den Initiatoren. In einigen wenigen Fällen, wie z.B. bei den „Brückenschwestern" in Baden-Württemberg übernimmt die Krankenversicherung die weitere Finanzierung der Leistungen nach der Modellphase . Eine Finanzierungslücke entsteht gerade in Akuthäusern, wo die zu erwartende Pflegeleistung nicht mindestens sechs Monate in Anspruch genommen werden muss. Dadurch fällt der Patient nicht in den Leistungsbereich des SGB XI und hat nur Anspruch auf Behandlungspflege, die dann über das SGB V finanziert wird (vgl. Dörpinghaus et al. 2004:56-59).

Das Deutsche Krankenhausinstitut hat in seinem Krankenhausbarometer im Jahr 2007 erstmalig den Punkt des Entlassungsmanagement in die Erhebungen aufgenommen. Danach verfügen große Krankenhäuser signifikant häufiger über Standards, schriftliche Arbeitsanweisungen oder Behandlungspfade zum Entlassungsmanagement als kleinere Kliniken. Aussagen zu den Inhalten dieser Instrumente werden jedoch nicht getroffen. Es ist also nicht möglich, zu sagen, ob und in wieweit Patientenbedürfnisse Berücksichtigung finden oder ob lediglich institutionelle Abläufe geregelt werden.

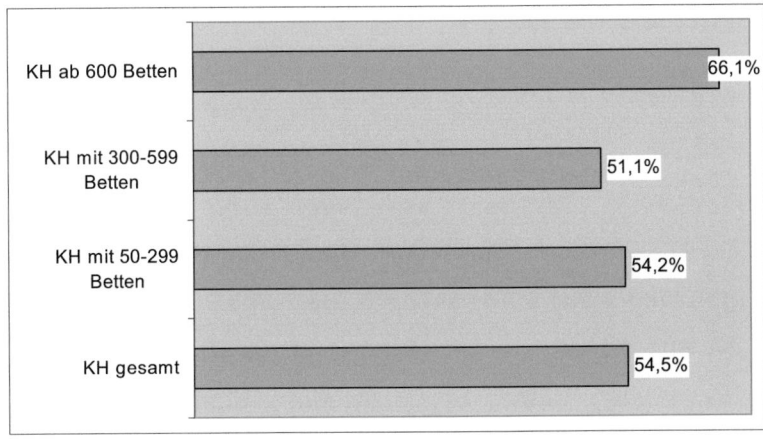

Abb. 6: Schriftliche Standards zum Entlassungsmangement
Quelle: DKI Krankenhausbarometer 2007

Die Anwendung eines standardisierten Assessmentverfahrens zur Ermittlung des Bedarfs eines nachstationären Versorgungsbedarfs ist noch nicht sehr weit in deutschen Krankenhäusern verbreitet. Die Erfassung eines Versorgungsbedarfs kann auch ohne ein standardisiertes Assessment erfolgen – erfahrene Pflegekräfte sind dazu in der Lage – jedoch vereinfacht die Anwendung eines Assessments die sytematische und valide Einschätzung des Versorgungsbedarfs (vgl. DKI 2007: 75).

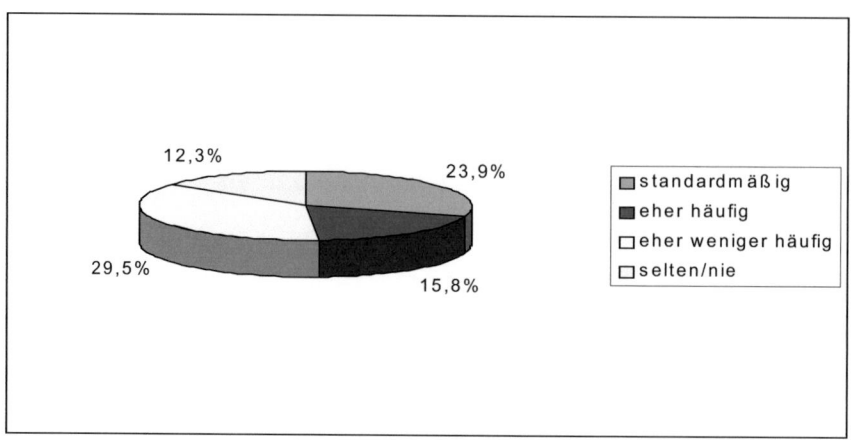

12,3%

23,9%

29,5%

15,8%

- standardmäßig
- eher häufig
- eher weniger häufig
- selten/nie

Abb. 7: Einsatz standardisierter Assessmentinstrumente
Quelle: DKI Krankenhausbarometer 2007

Die Forderung des Expertenstandards nach einer Evaluation der Entlassungsplanung wird nur in 10,3 % der befragten Krankenhäuser regelmäßig durchgeführt. In vielen Patientenfragebögen sind Fragen zur Entlassungsvorbereitung enthalten, so daß darüber ein Feedback zu erhalten ist. Dieser Fragebogen wird meist noch während des Krankenhausaufenthaltes ausgefüllt und abgegeben. Rückmeldung über die Qualität von Leistungen durch Kooperationspartner ist zu diesem Zeitpunkt noch nicht möglich. Die Qualität z.B. von Hilfsmittel oder Serviceleistungen von Sanitätshäusern, Home Care Unternehmen u.ä. fließen nicht ein. Eine nachträgliche Kontaktaufnahme 48 Stunden nach Entlassung kann darüber ein Feedback garantieren (vgl. DKI
2007:75).

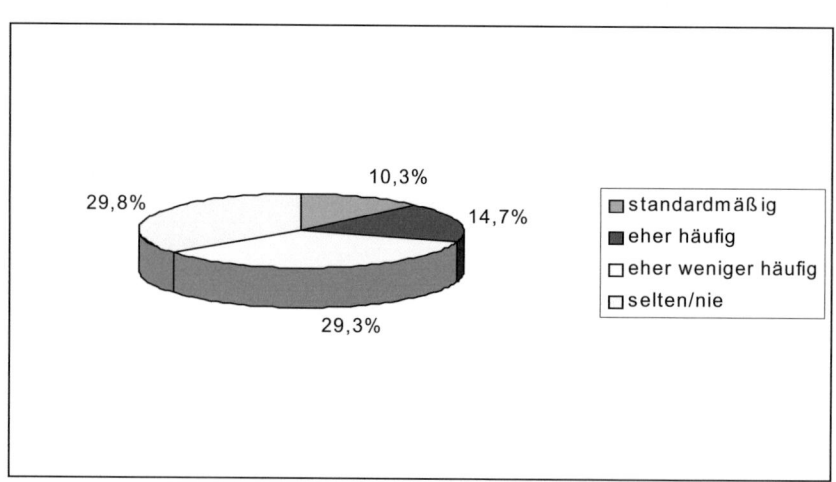

10,3%

29,8%

14,7%

29,3%

- standardmäßig
- eher häufig
- eher weniger häufig
- selten/nie

Abb.8: Überprüfung der Entlassungsplanung
Quelle: DKI Krankenhausbarometer 2007

Im Folgenden werden einige Projekte zum Entlassungsmanagement in deutschen Gesundheitseinrichtungen dargestellt.

5.2.1 Brückenschwestern

Erste Versuche die Schnittstelle zwischen Krankenhaus und ambulanter Versorgung zu verbessern gab es in Baden-Württemberg. Im Jahre 1991 wurde am Diakonissenkrankenhaus in Stuttgart das Projekt der „Brücken-schwestern" gestartet. Inhalt dieses Projektes ist die häusliche Betreuung schwerkranker Tumorpatienten mit dem Ziel, diese Patientengruppe in häuslicher Umgebung betreuen zu können und unnötige Kranken-hauseinweisungen während der Sterbephase zu vermeiden. Während der Projektphase wurde dieses Projekt von der Landesregierung Baden-Württemberg und vom Krebsverband Baden-Württemberg e.V. finanziert. Seit 1994 übernehmen die Krankenkassen die Finanzierung. Dieses Pro-jekt besteht heute aus zehn Krankenpflegekräften mit langjähriger Berufs-erfahrung. Sie arbeiten im Auftrag des Onkologischen Schwerpunkt Stutt-gart, einem Zusammenschluß Stuttgarter Krankenhäuser.

Bei diesem Projekt wurde der indirekte Ansatz des Entlassungsmanage-ments gewählt. Besonders geschulte Pflegekräfte nehmen bereits im Krankenhaus Kontakte zu Patienten und Angehörigen auf. Der Hilfebedarf wird bereits hier ermittelt und Beratung zu Finanzierungsmöglichkeiten oder zu Problemen medizinisch-pflegerischer und psycho-sozialer Art angeboten. Die „Brückenschwestern" koordinieren alle für die Tumorpati-enten nötigen und verfügbaren Hilfen.

Folgende Tätigkeiten übernehmen die „Brückenschwestern"

- Kontaktaufnahme zu den Patienten und Angehörigen
- Ermittlung des Hilfebedarfs (z.B. Pflegedienst, Hilfsmittel usw.)
- Beschaffung der Hilfsmittel und Koordination der verschiedenen Leis-tungen wie ambulante Pflegedienste, Essen auf Rädern, Fahrdienste usw.
- Beratung bei der Finanzierung der Leistungen
- Anleitung der Angehörigen zu pflegerischen Tätigkeiten
- Sicherstellung der Schmerztherapie, Symptomkontrolle und Behand-lung in Zusammenarbeit mit dem behandelnden Arzt

- Bereitstellung von Schmerzpumpen

- Psychosoziale Betreuung

- Regelmäßiger Kontakt durch Telefonate und Hausbesuche

- 24-Stunden Erreichbarkeit durch Rufbereitschaft, auch an Wochenenden und Feiertagen

- Kriseninterventionen

- Kurzfristige Pflege bei Situationsverschlechterung

- Feste Betreuungsperson

(vgl. online im Internet www.osp-stuttgart.de).

Die „Brückenschwestern" tragen durch ihre Arbeit dazu bei, dass unnötige Krankenhauseinweisungen während der Sterbephase vermieden werden, weil den Patienten und Angehörigen geschultes Personal in Krisensituationen rund um die Uhr im häuslichen Bereich helfend zur Seite steht. Die im Krankenhaus eingeleitete Therapie wird durch die „Brückenschwestern" konsequent weitergeführt und somit der Behandlungserfolg verbessert.

Nachteilig wirkt sich hier aus, dass nur einige Krankenkassen die Kosten dieser Dienstleistung übernehmen (z.B. AOK Baden-Württemberg, IKK Stuttgart, einige BKK) und dass die Patienten aus einer festgelegten Region kommen müssen.

5.2.2 Verket-Projekt

Ein weiteres zweidimensionales Projekt zur Gestaltung der Schnittstelle zwischen stationärem und ambulantem Bereich startet in Ludwigshafen. Dieses Projekt wird als Verket-Projekt bezeichnet. Zweidimensional deshalb, weil es aus einem allgemeinwissenschaftlichen Teil, dem Leitprojekt und einem Anwenderprojekt besteht. Es bezieht sich auf ältere multimorbide und jüngere onkologische Patienten. Zu den Anwendern gehörten ein Klinikum der Maximalversorgung, eine stationäre und eine ambulante Pflegeeinrichtung. Das Ziel dieses Projektes ist der Aufbau von Versorgungsketten, die Entwicklung von Leitfäden zum Aufbau von Versorgungsketten für die nachstationäre Versorgung der o.g. Patientengruppe und die Entwicklung eines Evaluationsbogens für die Kooperationsmodelle. Kooperierende Einrichtungen sind in dieser Modellphase das Klinikum der Stadt Ludwigshafen und ein privater ambulanter Pflegedienst. Die Erfahrungen der Anwender werden im Leitprojekt ausgewertet und aufbereitet, um sie weiter in der Praxis anwenden zu können. Den Rahmen für das Leitprojekt bildet das Qualitätsmanagementkonzept TQM. Die Bedürfnisse der Patienten werden über Befragungen und Beobachtungen ermittelt. Die Zusammenarbeit verschiedener Professionen einrichtungsintern und –extern wird über standardisierte Prozessabläufe geregelt. In einem gemeinsamen Aufnahmegespräch zwischen Patient, Arzt und Pflegekraft wird der Behandlungsprozess diskutiert und in einem Assessmentbogen dokumentiert. Im Ergebnis des Verket-Projektes werden Leitfäden zum Aufbau von Versorgungsketten erarbeitet (vgl. Dörpinghaus et al. 2004:77/78).

5.2.3   Case Management im Uniklinikum Köln

Die Uniklinik Köln praktiziert das Konzept des indirekten Case Managements. Zielsetzung dieses Projektes ist die Budget- und Kostensicherung durch Auslastungsoptimierung, Fallzahlsteigerung, Verweildaueroptimierung und Vermeidung von Fehlbelegungen. 42 Case Manager arbeiten in der Klinik. Die Case Manager sind in der Uniklinik Köln bereits in den Prozess der Aufnahme des Patienten involviert. Sie nehmen an der allmorgendlichen Bettenplanung teil und terminieren die Aufnahme der Patienten. Sie sind Ansprechpartner für niedergelassene Ärzte und leiten die Aufnahme der avisierten Patienten ein. Sie führen das Erstgespräch mit dem Patienten bei dessen Eintreffen in der Klinik. Der Case Manager begleitet den Patienten auf die Station und informiert den Arzt und die Pflegekraft über die aktuelle Situation des Patienten. Er erhebt das Initialassessment, welches in der Uniklinik Köln für diese Klinik entwickelt worden ist. Dieses Assessment nennt man in Köln KAI-BI. Im Ergebnis liegt die Einschätzung des nachstationären Versorgungsbedarfs vor. Für viele in der Uniklinik behandelten Krankheitsbilder liegen Behandlungspfade vor. Der Case Manager leitet anhand dieser Behandlungspfade die notwendigen diagnostischen Maßnahmen, wie EKG, EEG oder Laboruntersuchungen ein und bespricht mit dem Arzt nach Vorliegen der Untersuchungsergebnisse das weitere Vorgehen. Für Patienten, bei denen ein hoher nachstationärer Versorgungsbedarf identifiziert worden ist, nimmt der Case Manager Kontakt zum Sozialdienst, zu ambulanten Pflegediensten und anderen Teilen des Netzwerkes wie z.B. Sanitätshäusern, Selbsthilfegruppen usw. auf. Auch für die Einleitung der Versorgung mit erforderlichen Hilfsmitteln zeichnet der Case Manager verantwortlich. Entsprechend den Anforderungen des Expertenstandards wird durch den Case Manager 48 Stunden nach der Entlassung über einen Telefonkontakt der Patient nach der Zufriedenheit mit der Versorgung befragt. Der Case Manager in der Uniklinik Köln agiert sowohl auf der System- als auch auf der Fallebene. Auf der Systemebene wird die Gesamtheit der Fälle im System Uniklinik Köln unter Berücksichtigung ökonomischer Aspekte und vorhandener Ressourcen organisiert und koordiniert. Auf der Fallebene wird der einzelne Fall nach individuellem Bedarf koordiniert und organisiert.

Auswirkungen des Case Managements an der Uniklinik Köln sind:

- Steigerung der Fallzahlen
- Verkürzung der Verweildauer von 11 Tagen auf 7,24 Tage
- Mehr Planungssicherheit für alle Leistungserbringer
- Reduzierung von Fehlbelegungen
- Qualitätssteigerung im Sinne von Versorgungskontinuität (vgl. Teigeler 2008: 890-894).

5.2.4 Entlassungsmanagement im Universitätsklinikum Münster

Ein ähnliches Modell mit gleicher Zielsetzung praktiziert das Universitätsklinikum Münster.

Auch hier beginnt der Prozess vor der Aufnahme des Patienten. Bereits vor der Aufnahme nimmt der Case Manager Kontakt zum Patienten auf, um den Aufnahmetermin und den Behandlungsverlauf abzustimmen und vorliegende Befunde abzufragen. Bereits hier ist es möglich, weitere Leistungen wie z.B. Dialyse, Psychologe u.ä. zu koordinieren.

Anders als in Köln wird das Initialassessment von der betreuenden Pflegekraft erhoben und falls erforderlich, der Casemanager und der Sozialdienst informiert. Das Uniklinikum Münster hat dieses Konzept in einer Klinik umgesetzt, weitere werden folgen.

In der Uniklinik Münster führte die Umsetzung des Konzeptes zu folgenden Verbesserungen im Versorgungsprozess:

- Optimierung der Belegungsplanung
- Sicherstellung des Vorhandenseins von Vorbefunden
- Patient kommt gut informiert und mit weniger Unsicherheit in die Klinik
- Diagnostik kann bereits am Aufnahmetag durchgeführt werden und dadurch die Verweildauer verkürzt werden
- Termine kollidieren nicht
- Mehr Freiräume für die Kernprozesse
- Rahmenbedingungen für eine geplante Entlassung werden sichergestellt
- Mitarbeiterzufriedenheit durch Entlastung von Support-Prozessen (vgl. Rausch et al. 2008:902-904).

5.2.5 „Koordinierte Entlassung" München Neuperlach

Das Modell der „Koordinierten Entlassung" München Neuperlach verfolgte das Ziel der Sicherung des Erfolgs der Krankenhausbehandlung, Verkürzung der Verweildauer, Erhöhung der Wirtschaftlichkeit des Behandlungsprozesses und Vermeidung von Rehospitalisierungen. Zunächst standen auch bei diesem Projekt hausinterne Abläufe im Vordergrund, wie z.B. möglichst schnell nach der Aufnahme den poststationären Hilfebedarf zu ermitteln. Dazu wurde eine Aufnahmeassessment unter Beteiligung des Sozialdienstes und der Einführung von Pflegevisiten etabliert.

Durch eine finanzielle Unterstützung der Stadt und des Bundesministeriums sind Kooperationen mit ambulanten Pflegediensten oder stationären Pflegeheimen möglich.

Diese Möglichkeit von Kooperationen hängt auch vom Versorgungsgebiet der Klinik ab. Eine Klinik, die Patienten aus dem gesamten Bundesgebiet versorgt, kann nur begrenzt mit Kooperationspartnern arbeiten. Derartige Kooperationen bieten viele positive Aspekte für den Patienten. Ein einrichtungsübergreifendes Qualitätsmanagement durch gemeinsam erarbeitete Behandlungskonzepte, Standards, Richtlinien, Überleitungsdokumente u.ä. garantiert eine kontinuierliche Versorgung. Die Kooperationsvereinbarung zwischen Krankenhaus und ambulanten Diensten oder Pflegeheimen beinhaltet folgende Aufgaben:

- Die Übergabe von Patienten am Krankenbett
- Übernahmekriterien und Verpflichtungen
- Die rechtzeitige Benachrichtigung über den Entlassungstermin
- Die Information und Einbindung des Hausarztes
- Umfang und Inhalt von Pflege- und Kontrolldaten
- Beratungs- und Stützleistungen durch das Krankenhaus
- Gegenseitige Hospitationen und die Option für gemeinsame Fortbildungsveranstaltungen (vgl. Wirnitzer 2002: 332-335).

5.2.6 Pflegeberatung am Robert-Bosch-Krankenhaus

Bei diesem Projekt wurde eine Pflegemitarbeiterin des Robert-Bosch-Krankenhauses eingesetzt, die im Auftrag der Betriebskrankenkasse Bosch die Patientenberatung realisiert. Ziele dieses Projektes sind:

- Unterstützung der Versicherten der Bosch BKK während eines Krankenhausaufenthaltes
- Sicherstellung einer bedarfs- und bedürfnisgerechten postakuten Versorgung
- Koordination der Angebote verschiedener Leistungserbringer
- Effizienzsteigerung hinsichtlich der eingesetzten Ressourcen (finanzielle, personelle u.ä.)

Diese Pflegeberaterin übernimmt Aufgaben der Entlassungsplanung bereits während des Krankenhausaufenthaltes. Kurz nach der Aufnahme des Patienten im Krankenhaus erhebt sie den zu erwartenden Beratungsbedarf, klärt die Versorgungssituation des Patienten nach dem akutstationären Phase. Sie nimmt Kontakt zu Leistungserbringern innerhalb des Krankenhauses und im häuslichen Umfeld auf und koordiniert die für die häusliche Versorgung erforderlichen Leistungen. Sie unterstützt die BKK Bosch Versicherten bei der Erledigung von bürokratischen Notwendigkeiten oder übernimmt diese sogar.

So ist es gelungen die durchschnittliche Verweildauer im Robert-Bosch-Krankenhaus auf 7 Tage zu senken (ca. 1,5 Tage unter der vom Statistischen Bindesamt ermittelten durchschnittlichen Verweildauer in deutschen Krankenhäusern) und die Nachhaltigkeit der Ergebnisse der stationären Versorgung zu sichern.

5.2.7 Kooperationsvereinbarung DEGEMED und BVMed

Ein Kooperationsvertrag zwischen einem Spitzenverband der Rehabilitationskliniken (DEGEMED) und einem Wirtschaftsverband der Industrie- und Handelsunternehmen der Medizintechnologiebranche (BVMed) verfolgen einen ähnlichen Zweck. Der Vertrag enthält eine gemeinsame Verfahrensanweisung zum Überleitungsmanagement von der Rehabilitation zur häuslichen Pflege. Es verbessert die Struktur-, Prozess- und Ergebnisqualität beim Übergang in die häusliche Versorgung. Zur Qualitätssicherung verpflichten sich die teilnehmenden Partner zur .

- Überwachung der vereinbarten Prozesse durch interne Audits
- standardisierten Dokumentation
- regelmäßigen Evaluation mittels Patientenfragebögen
- Mitarbeiterschulungen
- Überprüfung der Qualitätsanforderungen in Zertifizierungsaudits (Checkliste der DEGEMED)
- Kontrolle, Auswertung und Weiterentwicklung der Abläufe
- Durchführung von Erfahrungsaustauschen

Der Rahmenvertrag regelt die Anforderungen an die teilnehmenden Unternehmen und Kliniken. Individualvertraglich können die Partner andere Vereinbarungen treffen. (vgl. DEGEMED 2007) . Durch diesen Rahmenvertrag der Spitzenverbände ist ein bundesweites Handeln möglich.

5.3 Kritische Betrachtung des Expertenstandards

Der vom DNQP entwickelte Expertenstandard ist der erste Einstieg in ein systematisch durchgeführtes Entlassungsmanagement in deutschen Krankenhäusern. Der Expertenstandard gibt erstmals eine allgemeingültige Richtlinie, die die Rolle und die Funktion der Pflegekräfte festschreiben und evidente Qualitätskriterien festlegen (vgl. Wirnitzer 2002:332-335)

Am Anfang einer kritische Betrachtung des Expertenstandards steht eine Klärung des Begriffs „Expertenstandard".

Das British Standards Institute definiert einen Standard als „öffentlich zugängliches technisches Dokument, das unter Beteiligung aller interessierter Parteien entwickelt wird und deren Zustimmung findet. Der Standard beruht auf Ergebnissen aus Wissenschaft und Technik und zielt darauf ab das Gemeinwohl zu fördern." (Wikipedia). „Pflegestandards sind ein professionell abgestimmtes Leistungsniveau, das den Bedürfnissen der damit angesprochenen Bevölkerung entspricht." (WHO).

An der Erstellung eines Standards müssen alle interessierten Parteien beteiligt sein. Im Falle des Standards des Entlassungsmanagements haben an der Erarbeitung ausschließlich Angehörige der Pflegeberufe mitgearbeitet. (vgl. DNQP 2004: 44/45).

Dieser Standard bearbeitet ein multiprofessionelles Problem, an dem Patienten, Sozialdienst, Mediziner, Physiotherapeuten, Ergotherapeuten, Psychologen und selbst die Kostenträger beteiligt sind. Diese wurden in die Bearbeitung nicht einbezogen. In der Konsensuskonferenz zu diesem Standard, die am 6. September 2002 in Osnabrück stattfand, waren 90 % der Teilnehmer Angehörige der Pflegeberufe. (vgl. DNQP 2004:38/39). In der Praxis ergeben sich dadurch Akzeptanzprobleme bei den anderen Berufsgruppen. In einer Kritik zu den Expertenstandards stellen Meyer et al. die Frage : „Warum sollte für andere in die Versorgungsprozesse involvierte Berufsgruppen bindend sein, was allein von Vertretern der Pflege entwickelt worden ist." (Meyer et al. 2006:36) „Expertenstandards dienen als Orientierungsrichtlinien in der Pflege, die jedoch wegen subjektiv unterschiedlicher Erlebensweisen und Deutungen von Situationen dem individuellen Klienten angepasst werden müssen."(Thome 2006:143).

Der Expertenstandard ist auf der Basis einer Literaturrecherche entstanden. Die berücksichtigten Arbeiten beschäftigen sich ausschließlich mit dem Übergang vom vollstationären Bereich in den ambulanten Bereich, selten mit einem Übergang in eine stationäre Pflegeeinrichtung.

„In der Umsetzung dieser Standards stoßen die Einrichtungen der Gesundheitsversorgung häufig an Grenzen, die sowohl in den einrichtungsinternen Strukturen, bspw. dem Qualifikationsniveau der Mitarbeiter, der Ablauforganisation und dem Grad der kooperativen Zusammenarbeit innerhalb der Einrichtungen als auch den hemmenden politischen und gesetzlichen Rahmenbedingungen wie der sektoralen Finanzierung und den fehlenden finanziellen Anreizen für eine integrierte Versorgung liegen."

6 Zusammenfassung und Ausblick

Entlassungsmanagement in deutschen Krankenhäusern und Rehabilitationseinrichtungen ist ein wenig erforschter Bereich. Die Ansätze zum Entlassungsmanagements, die in den Gesundheitseinrichtungen angewendet werden unterscheiden sich in der Methodik, die Ziele sind identisch. Ziele sind Verkürzung der Verweildauer bei einer Entlassungsvorbereitung, die Versorgungseinbrüche und Rehospitalisierungen vermeidet und eine Versorgungskontinuität und damit den nachhaltigen Erfolg der stationären Behandlung gewährleistet. Bei einigen Projekten konnte eine Verweildauerverkürzung erreicht werden. Aussagen über die Effektivität bezüglich der anderen Ziele ist nicht nachgewiesen worden. Lediglich knapp 25 % der Kliniken führt standardmäßig eine Evaluation der Entlassungsplanung durch. Dadurch sind Aussagen über die Wirksamkeit des Entlassungsmanagements bezüglich der nachstationären Versorgungsqualität, Nachhaltigkeit des Erfolgs der stationären Behandlung und Rehospitalisierungsraten kaum möglich. Bisher ist auch nicht erforscht, welche Bedürfnisse Patienten für die nachstationäre Versorgung benennen. Wissenschaftliches Material, dass sich mit dem Entlassungsgeschehen beschäftigt, findet sich im fremdsprachigen Raum, jedoch sind empirische Studien zu Problemstellungen der Patienten nach dem Krankenhausaufenthalt in Deutschland selten (vgl. Wingenfeld 2005:25). Randomisierte Studien zum Thema Entlassungsmanagement gibt es nur im anglo-amerikanischen Raum, allerdings auch nur zu einzelnen Aspekten des Entlassungsmanagement.

Ein Entlassungsmanagement das im Krankenhaus institutionalisiert und auch vom Krankenhaus finanziert wird, kann nur ein Mosaikstein im Versorgungsmanagement gemäß § 11 Abs. 4 SGB V sein, da bei diesen Modellen ausschließlich die Schnittstelle zwischen dem stationären und ambulanten Bereich organisiert wird. „Pflege-Überleitungskonzepte, die den verbesserten Übergang von stationärer zu ambulanter Versorgung zum Inhalt haben, werden demnach den gesteigerten Bedürfnissen nach einer abgestimmten, am Bedarf orientierten ambulanten Versorgung der Pflegebedürftigen nicht ausreichend decken können. Sie setzen lediglich einen Anfangspunkt, um der Entstehung von Versorgungsbrüchen aus pflegerischer Perspektive entgegenzuwirken,..." (Dörpinghaus et al. 2004:35). Ansätze, die sich monodimensional mit der Optimierung hausinterner Prozesse von der Aufnahme des Patienten bis zur Entlassung beschäftigen, erfüllen kaum die Zielsetzung nach §11 Abs. 4 SGB V. Die Berücksichtigung von Bedarfslagen aus Patientensicht ist unerlässlich. Die erste Handlungsempfehlung, die auf Erfahrungsberichten, empirischen Daten und Expertenmeinung basiert, wurde durch das Deutsche Netzwerk für Qualitätssicherung in der Pflege mit dem im Jahre 2004 erschienenen Expertenstandard „Entlassungsmanagement in der Pflege" gegeben. Im Zuge veränderter sozial- und gesundheitspolitischer Rahmenbedingungen wurde der Expertenstandard „Entlassungsmanagement in der Pflege" im Jahre 2008 aktualisiert und steht als vorläufige Version im Internet zur Diskussion. Seit Inkrafttreten des Pflegeweiterentwicklungsgesetzes bilden die Expertenstandards im Geltungsbereich des SGB XI die verbindliche Grundlage für pflegerisches Handeln. Im Geltungsbereich des SGB V gibt es eine ausdrückliche Geltungsregelung nicht, jedoch gelten die Expertenstandards als „vorweggenommenes Sachverständigenurteil" im Kontext des § 135 a SGB V, nach dem Leistungen nach dem neuesten Stand wissenschaftlicher Erkenntnisse erbracht werden müssen.

Durch Anwenderberichte und empirische Daten zu praxiserprobten Modellen können heute wichtige Einflussfaktoren benannt werden, die risikoreiche Verläufe bedingen. Solche Risikofaktoren sind :

- Mehrfache Krankenhausaufenthalte
- Pflegebedürftigkeit bereits im Vorfeld des Krankenhausaufenthaltes
- Kognitive Einbußen, psychische Störungen und/oder Verhaltensauffälligkeiten
- Erhebliche Mobilitätseinbußen, sensorische Defizite
- Hohes Alter und geschwächte Gesamtkonstellation des Patienten
- Sturzrisiko

- Schwieriges Medikamentenmanagement

Eine Empfehlung eines konkreten Initial- und differenziertes Assessment kann dennoch nicht gegeben werden. Es liegt in der Verantwortung des Klinikmanagements ein geeignetes Instrument zu entwickeln, dass das Risikoprofil der Patientengruppen abbildet. Die Aufgabe des Krankenhausmanagements ist es, in einer Verfahrensanweisung die einzusetzenden Assessmentinstrumente festzulegen.

Das Krankenhausmanagement ist verantwortlich für die Bereitstellung von erforderlichen personellen (Personalstellen, Qualifikation), zeitlichen (Zeitkorridore für Besprechung), infrastrukturellen (Dokumentationsmittel, Schulungs- und Besprechungsmittel, Sicherstellung des Datenschutzes) und verfahrensmäßigen (Verfahrensanweisung, Assessments, Informationsweitergabe) Ressourcen, um ein effektives Entlassungsmanagement zu garantieren. Empirische Daten belegen die Wirksamkeit eines Entlassungsmanagements durch den Einsatz speziell ausgebildeter Fachkräfte. Sie belegen auch den wachsenden Anteil an pflegerischen Aspekten in der Entlassungsplanung. Die Schulung pflegender Angehöriger zu pflegerischen Tätigkeiten (Körperpflege, Wundversorgung, enterale Ernährung über eine Sonde, prophylaktische Maßnahmen u.a.) und die Beratung zu gesundheitsförderndem Verhalten ergänzt die bisherigen sozialarbeiterischen Inhalte des Entlassungsmanagements. Für ein bedarfsorientiertes Entlassungsmanagement werden sowohl soziale als auch pflegerische Kompetenzen benötigt. Gelegentlich auftretenden Spannungen zwischen diesen beiden Professionen kann durch Regelung der Verantwortlichkeiten in Verfahrensanweisungen zum Prozess des Entlassungsmanagements begegnet werden. Entlassungsmanagement kann nur durch eine multiprofessionelle Zusammenarbeit zwischen Sozialdienst, Pflege, Ärzten, Therapeuten und externen Leistungserbringern garantiert werden.

Zum Entlassungsmanagement gehört die Bereitstellung von Hilfsmittel. Die Regelungen des Wirtschaftlichkeitsstärkungsgesetzes erschweren diesen Prozess für Krankenhäuser.

Die Wahlfreiheit des Patienten bei der Wahl des Leistungserbringers gemäß § 33 SGB V wird eingeschränkt durch den §127 SGB V. Danach haben Krankenkassen die Möglichkeit vertragliche Bindungen mit Anbietern der Medizintechnik (Sanitätshäuser, Home Care Unternehmen u.ä.) einzugehen.

Hat eine Krankenkasse solche vertraglichen Regelungen, können die Versicherten nur durch diese Vertragspartner versorgt werden. Daher sind feste Kooperationen zwischen Sanitätshäusern, Home Care Unternehmen u.ä. und Krankenhäusern wenig sinnvoll.

Trotz aller Hürden und Probleme ist die Einführung eines Entlassungsmanagements auf der Grundlage des Expertenstandards „Entlassungsmanagement in der Pflege" der erste Schritt zur Überwindung der Schnittstellen zwischen den Sektoren des Gesundheitswesens. Dabei sind sowohl die institutionellen als auch die Bedürfnisse des Patienten zu berücksichtigen.

Vor dem Hintergrund des sehr fragmentierten Versorgungssytems sind auf gesundheitspolitischer Ebene Rahmenbedingungen zu schaffen, die eine einrichtungsübergreifende Kooperation zwischen den Gesundheitseinrichtungen ermöglichen.

Erste Ansätze in diese Richtung sind z.B. die wohnortnahen Pflegestützpunkte aus dem Eckpunktepapier der Bundesregierung zur Pflegereform. Diese werden im Auftrag der Krankenkassen das wohnortnahe Fallmanagement übernehmen. Auch diese Stellen müssen einem ähnlichen Anforderungsprofil wie das Entlassungsmanagement auf der Systemebene des Krankenhauses gerecht werden.

Ein weiteres zukunftsweisendes Modell ist die integrierte Versorgung oder die Öffnung der Krankenhäuser für den ambulanten Bereich.

Ein wirklich sektorenübergreifendes Case Management unter Einbeziehung des niedergelassenen Arztes ist nur möglich, wenn Case Manager im Auftrag der Krankenkassen oder als unabhängige freiberuflich Tätige arbeiten. Hier stellt sich die Frage, wie die freiberuflich tätigen Case Manager finanziert werden. Unbedingt verbesserungswürdig ist die Kommunikation und Information zwischen der stationären Einrichtung und den niedergelassenen Ärzten.

Literaturverzeichnis

Becker, V. (2006): Konzept zur Implementierung des Expertenstandards Entlassungsmanagement, Diplomarbeit, Hamburg, Diplomica GmbH

Bertelsmann Lexikon Band 14 (1990), Gütersloh, Verlagsgruppe Bertelsmann GmbH

Bertelsmann Lexikon Band 12(1990), Gütersloh, Verlagsgruppe Bertelsmann GmbH

Beumers, A./Borges, P. (1997): Was erwarten niedergelassene Ärzte vom Krankenhaus? Grundlagen eines zielgruppenorientierten Qualitäts- und Zufriedenheitsmanagementsystems für Krankenhäuser. In. Führen und Wirtschaften im Krankenhaus, 14. Jahrgang Heft 3

Bostelaar ,R.A./Pape, R.et al. (2008a): Case Management im Krankenhaus, Aufsätze zum Kölner Modell in Theorie und Praxis, Hannover, Schlütersche Verlagsgesellschaft

Bostelaar, R.A.(2008b): Kölner Modell. „Case Management rechnet sich vom ersten Tag an". In: Die Schwester Der Pfleger 2008, Heft 10, Melsungen, Bibliomed Verlagsgesellschaft

Breinlinger-O'Reilly Prof.Dr., J./Strauch Dr., E. (2003a): Vernetzung und Koordination, Studienbrief 1: Integrierte Versorgung in Deutschland: Bedeutung für Akutkrankenhäuser – Grundlagen und Projekte (I). Studienbrief der Hamburger Fern-Hochschule

Breinlinger-O'Reilly Prof.Dr., J./Strauch Dr., E. (2003b): Vernetzung und Koordination, Studienbrief 2: Integrierte Versorgung in Deutschland: Bedeutung für Akutkrankenhäuser – Grundlagen und Projekte (II). Studienbrief der Hamburger Fern-Hochschule

Bühler, E. (2006): Überleitungsmanagement und integrierte Versorgung, Stuttgart, Kohlhammer-Verlag

Dash, K.; Zarle, N. et al. (2000) : Entlassungsplanung, Überleitungspflege. München

DEGEMED: (2007): Gemeinsame Pressemitteilung. Überleitungsmanagement: BVMed und DEGEMED schließen Rahmenvertrag zur Sicherung der Versorgungsqualität der Patienten nach der medizinischen Rehabilitation. Online im Internet URL: **http://www.degemed.de/pdf/Pressemitteilung_v_220207_lang.pdf** [Stand 06.01.09]

DNQP (2004): Expertenstandard Entlassungsmanagement in der Pflege , Osnabrück

DNQP (2009): Vorläufige Version des aktualisierten Expertenstandards Entlassungsmanagement in der Pflege, Online im Internet URL: **http://www.dnqp.de** [Stand 22.03.09]

DKI (2007): Krankenhausbarometer 2007, Online im Internet URL: **http://dki.comnetinfo.de/PDF/Bericht** KH Barometer 2007.pdf [Stand:28.12.2008]

Doppler, K./Lauterburg, Ch. (1995): Change Management. Den Unternehmenswandel gestalten. Frankfurt a. M.

Dörpinhaus, S./Grützmacher, S./Werbke, R.S. et al.(2004): Überleitung und Case Management in der Pflege, Schriftenreihe des Deutschen Instituts für angewandte Pflegeforschung (Hrsg.),Hannover, Schlütersche Verlagsgesellschaft

Ehlers, C.(2008):Case Management im Gesundheitswesen in:Case Management als Brücke, Berlin, Schibri-Verlag

Engel Dr., H./Engels Dr., D. (1999): Case Management in verschiedenen nationalen Altenhilfesystemen. Online im Internet URL: **http://www.bmfsfj.de** [Stand 02.03.09]

Gehrig, S. (2003):Qualitätsmanagement. EFQM-Modell – Grundlagen. Studienbrief der Hamburger Fern-Hochschule

Gittler-Hebestreit, N. (2006): Pflegeberatung im Entlassungsmanagement, Grundlagen – Inhalte – Entwicklungen, Hannover, Schlütersche Verlagsgesellschaft

Görres, St.(1999) Qualitätssicherung in der Pflege und Medizin , Bern, Huber-Verlag

Hauck, K. Dr./Noftz, W. Dr. (2008): Sozialgesetzbuch SGB V. Gesetzliche Krankenversicherung. Kommentar ,Berlin, Erich Schmidt Verlag

Huber, P. (2008): Case Management im Kontext der Expertenorganisation Krankenhaus: Verantwortung für Prozessabläufe. In: Pflegezeitschrift Heft 7/2008,
S.380-383

Kamiske, G.F./Brauer, J.-P.(2003):Qualitätsmanagement von A-Z., München, Wien, Karl Hanser Verlag

Klie, Th./Buhl, A./Entzian, H. et.al(2003): Entwicklungslinien im Gesundheits- und Pflegewesen, Frankfurt, Mabuse-Verlag

Köhler Dr., A. (2005): Befürchtungen berechtigt – Chancen bleiben. In: Management & Krankenhaus, Heft 5, S.4

Kolkmann, F.-W./Seyfarth-Metzger, I./Stobrawa, F.(1998): Qualtätsmanagement in deutschen Krankenhäusern, Herausgeber Bundesärztekammer, München, Zuckerschwerdt-Verlag

Kolkmann, F.W. (2000): Entwicklungstendenzen im Gesundheitswesen und offene Fragen. In: Rohr, M./Schade,D. (2000) Selbstbestimmung und Eigenverantwortung im Gesundheitswesen. Ergebnisse des Workshops zu Forschungsbedarf im Bereich Medizin und Gesundheit. Online im Internet URL: **http://elib.uni-stuttgart.de/opus/volltexte/2003/1564/pdf/AB176.pdf** [Stand 18.12.2008]

Krabbe, M. (2003): Organisationsmanagement, Studienbrief 4: Neue Managementaufgaben im Krankenhaus. Studienbrief der Hamburger Fern-Hochschule

KTQ (2008): Online im Internet URL: **http://www.ktq.de** [Stand 16.12.2008]

Lutzmann , Th. (2006):Bericht zum Qualitätsmanagement in der Wicker-Gruppe 2004 bis 2006, Online im Internet **URL:http://www.qm.wicker-klinken.de/media/files/QM-Bericht-2004-2006.pdf** [Stand 16.12.2008]

Meyer Dr., G./Berg, A./Köpke, S. et al. (2006):Kritische Stellungnahme zu den Expertenstandards in der Pflege: Chancen für die Qualitätsentwicklung nutzen. In: Pflegezeitschrift Heft 1/2006 S.34-38, Stuttgart, Kohlhammer-Verlag

Mintzberg, H. (1989): Mintzberg on Management. Inside our Strange World of Organisatzions, New York

Müller, M./Ehlers, C. (2008): Casemanagement als Brücke, Berlin: Schibri-Verlag

Naylor, M.D./Campell, R.L./Foust, J.B.(1997): Die Bedürfnisse älterer Patienten und ihrer Angehörigen bei der Entlassung aus dem Krankenhaus. In: Funk, S.G./Tornquist, E.M./Champagne, M.T. et al.(Hrsg.) Die Pflege chronisch Kranker, Bern, Huber-Verlag

Pape,R. (2008): Vorwort. In: Bostelaar,R. (Hrsg.):Casemanagement im Krankenhaus, Aufsätze zum Kölner Modell in Theorie und Praxis. Hannover: Schlütersche Verlagsgesellschaft S.13-15.

Rausch, A./Kurlemann, U. (2008):Entlassungsmanagement am UKM. Case Management und Sozialdienst arbeiten eng zusammen. In: Die Schwester Der Pfleger, Heft 10, Melsungen, Bibliomed Verlagsgesellschaft

Rosenthal, Th. (2003a): Organisationsmanagement, Studienbrief 5/1: Management des organisatorischen Wandels: Handlungsfelder und Aufgabenbereiche – Teil 1 (Lehrtext). Studienbrief der Hamburger Fern-Hochschule

Rosenthal, Th. (2003b): Organisationsmanagement, Studienbrief 5/2: Management des organisatorischen Wandels: Handlungsfelder und Aufgabenbereiche – Teil 2 (Anhang). Studienbrief der Hamburger Fern-Hochschule

Röbbers, J. (2005): Das Potential bleibt ungenutzt, in: Management & Krankenhaus, Heft 5, S. 4

Ruprecht Dr.med., Th. (2003): Qualitätsmanagement , Kundenbefragung, Studienbrief 4, Studienbrief der Hamburger Fern-Hochschule

Sackett, D.L./Rosenberg, W.M./Gray, J.A. et al. (1996): Evidence- based-medicine: what it is an what it isn't. British Medical Journal 312, Nr. 7023

Schwaiberger, M. (2002): Case Management im Krankenhaus, Melsungen, Bibliomed Verlagsgesellschaft

Statistisches Bundesamt (2008): Jahr 2030: Alterung führt zu mehr Pflegebedürftigen und Krankenhauspatienten. Pressemitteilung Nr. 121 v. 19.03.2008. Online im Internet URL: **http://www.destatis.de/jetspeed/portal/cms/Sites/Internet/DE/Presse/pm/2008/03/PD08_121_12421.psml** [Stand: 28.11.2008]

Thome Prof. Dr., M. (2006) „Best practice" – evidenzbasierte Pflege, Expertenstandards oder „Clinical Guidelines". In: Pflege Heft 3, Bern, Huber-Verlag

Teigeler, B. (2008): Manager der Prozesse. In: Die Schwester/Der Pfleger Heft 10/08, Melsungen, Bibliomed Verlag

Viethen, G.(1998): Wegweiser Qualitätsmanagement im Krankenhaus, Stuttgart, Fischer-Verlag

Wabneg, H. (2005): Expertenorganisationen erfolgreich managen, Online im Internet
URL: **http://wabnegg.net/HTML/experts.htm** [Stand 12.11.2008]

Wendt,W.R. (2008a): Case Management als „Brücke". Die Varianz in der Gestaltung des Übergangs. In: Case Management als Brücke, Berlin , Schibri-Verlag

Wendt, W.R.(2008b): Case Management im Sozial- und Gesundheitswesen, Eine Einführung, Freiburg, Lambertus-Verlag

Wingenfeld,K.(2005): Die Entlassung aus dem Krankenhaus, Institutionelle Übergänge und gesundheitlich bedingte Transitionen

Wingenfeld, K./Joosten, M./Müller, C. et al.(2007): Pflegeüberleitung in Nordrhein-Westfalen: Patientenstruktur und Ergebnisqualität, Veröffentlichungsreihe des Instituts für Pflegewissenschaft an der Universität Bielefeld

Wirnitzer, B. (2002) Von der koordinierten Entlassung zum Case-Management – Pflege in integrierten Versorgungsformen. In: Pflege aktuell Heft 6

URL: http://www.qm-aktuell.de [Stand 23.08.2008]

URL: http://www.pflegewiki.de/wiki/Entlassungsmanagement [Stand 10.11.2008]

URL: http://de.wikipedia.org [Stand 28.11.2008]

URL: http://www.osp-stuttgart.de [Stand 09.12.08]

URL: http://www.vdak.de/vertragspartner/Krankenhaeuser/DRG/fp_system_2009/fpv_2009_rs_2008_95.pdf [Stand 29.12.08]
URL: http://www.hessenrecht.hessen.de [Stand 01.03.09]

URL: http://rechtliches.de/RLP/info_LKG.html [Stand 01.03.09]

URL: http://dvsg.org/uploads/media/PositionspapierCaseManagementOktober2008.pdf [Stand 01.03.09]

Abbildungsverzeichnis

Tabellenverzeichnis